U0486162

接班人

领导系统与制度建设

徐升华◎著

中华工商联合出版社

图书在版编目(CIP)数据

接班人：领导系统与制度建设 / 徐升华著. — 北京：中华工商联合出版社，2022.4

ISBN 978-7-5158-3382-8

Ⅰ.①接… Ⅱ.①徐… Ⅲ.①企业领导—制度建设 Ⅳ.①F272.91

中国版本图书馆CIP数据核字(2022)第056870号

接班人：领导系统与制度建设

作　　者：徐升华
出 品 人：李　梁
责任编辑：胡小英
装帧设计：回归线视觉传达
责任审读：李　征
责任印制：迈致红
出版发行：中华工商联合出版社有限责任公司
印　　刷：香河县宏润印刷有限公司
版　　次：2022年5月第1版
印　　次：2022年5月第1次印刷
开　　本：710mm×1000mm　1/16
字　　数：220千字
印　　张：14
书　　号：ISBN 978-7-5158-3382-8
定　　价：68.00元

服务热线：010—58301130—0（前台）
销售热线：010—58302977（网店部）
010—58302166（门店部）
010—58302837（馆配部、新媒体部）
010—58302813（团购部）
地址邮编：北京市西城区西环广场A座
19—20层，100044
http://www.chgslcbs.cn
投稿热线：010—58302907（总编室）
投稿邮箱：1621239583@qq.com

推荐序

选择和培养接班人，历来是人类社会最重要的事情之一，举凡政权、家族、各类团体和组织概莫如是。而作为企业，特别是中国当代的企业，立足眼下、面对未来，其接班人问题显得尤为敏感而重要。我本人近三十年来也算在直接和间接接触这个领域，感觉问题涉及面太广，迄今没有勇气去做全面、深入的思考和叙述，所以一直以来就“不好说、说不好、不说好”了。经过四十多年的改革开放，中国的民营经济和民营企业获得了长足发展，在创业企业家的带领下，越来越多的企业走过了相对长周期的发展，完成了资本、市场、品牌、队伍、文化和管理的积累，随着时间的推移，很多企业第二代甚至第三代领导人接班的时期陆续到来了。与国有企业不同，我相信多数民营企业还没有走出家族传承的传统，尽管从法律和形式上看，很多企业股权已经多元化，甚至上市、公众化，但实质上的领导核心还是靠关键人，可谓成败系于一身。因此，接班人问题就是企业的未来问题、就是企业有没有未来的问题。

民营企业的接班人问题确实重大而紧迫，需要更多像徐先生这样的人来研究它。认真拜读了徐升华先生的书稿，我的理解，虽然也涉及国有企业领导人员接班人问题，有比较丰富的具体观察和方法，但偏重的还是非国有企业的接班人问题，徐先生在北京读博士这几年一直在思考和探索这个问题，实属不易。我本人以前对于企业接班人问题的感触也并不深，真正触发我思考这个问题的是2011年5月到美国万通金融集团的一次为期一周的访问。我们到的那天正好是万通160周年庆，很荣幸能够与他们负责接班人培养的公司执行总裁作了深度交流，她同时还兼任万通人力资源首席负责人。首先，在制度安排上，这位实质上排名万通二把手的总裁，在万通的主要职责就是识别、选拔、培养、推荐万通的下一任一把手，而人力资源的其他方面工作，基本上都是委托或授权其他人负责，她得以唯精唯一、专注于培养未来的一把手。这是项有着预期周期，并且周期足够长的工作，支撑和服务这项任务的理念和规则（我事后称之为“万通的君主培养法案”）、团队、项目、预算、不断迭代创新的方法让我震惊。最后，她告诉我们，万通的时任一把手罗格先生就是她参与领导下历时十几年培养出来的，而她在公司的使命就是领导着这个团队，把接任罗格先生的人培养出来，估计到时候她与罗格先生也就同时退休了。她认为，这种“储君”培养方式，是万通得以稳健走过160年的根本。这次访问给我留下了深刻印象，令我对于企业接班人问题有了不同以往的感悟。

万通集团作为有160多年历史的500强企业，已经拥有了一套行之有效并且深入人心、化为基因的企业接班人体系，拥有了“宪法的宪法”这样不可动摇的地位，这决定了后面的企业领导人只能继承和完善它，而不能推翻或削弱它。我觉得企业接班人培养到这种程度，应该算是成功了。当然，万通也不应该是个案，应该也还有比肩甚至超越于万通的组织在。而中国的民营企业眼下还需要摸索和积累自己接班人培养的套路，探索的道路还很长，经还要一家有一家的念。我曾经跟就职于海尔和华为的一些同行专门聊过这两家企业未来的接班人问题，好像大家都说不出所以然。特别是华为，按照有些人的说法，好像就寄希望于任先生万寿无疆了。最近我半开玩笑地说：美国人无意中给这件事情施加了正向影响，为孟晚舟女士提供的这次磨砺，倒是给华为增加了一个解题方案。总之，当下谈企业接班人的事，多数情况下还是要一家一家说，好像并没有看到具有说服力的通用原则可以借鉴。非常高兴看到徐升华先生提供的他针对这个领域的全局性思考，这些思考基于他的实践和咨询经验，也有在人民大学读博士期间跟朋友们的研讨和感悟，为企业接班人领域的探索添砖加瓦，丰富了思想。特此推荐，是为序。

国家电网有限公司党校副校长 吴向京
于北京蟒山

前言

自创业至今已有八年光景，这八年来眼见有企业从荣耀时刻走下神坛，有从“个体户”发展成企业集团。深究其成败因由，唯有一个“人”字可以诠释。

“商场如战场”。企业的掌舵者唯有眼观六路耳听八方，方有始终。他们究竟是一类什么人物，可以叱咤风云，征战商海而不败？

他们要有哲学家的思维，深邃又有远见；他们要有经济学家的头脑，分毫必计；他们要有政治家的气魄，胸怀大略；他们要有外交家的经纬，进退有度；他们需要军事家的果断，征战有道；他们要有战略家的雄心，能鼓舞和团结有才华、有优势的社会精英，去开创和发展企业的经营事业。他们就是在茫茫商海中多数失败者中的少数，少数胜利者中的多数。究竟如何才能成为其中一员？这就是本书的根本所在。笔者通过对大量的案例进行分析，一方面可以佐证相关主题的原理及理论，另一方面则从实际运用的角度帮助企业的领导者更深入了解传承的要点、难点、痛点和盲点，为今后的实践提供“实物”参考，作为学习借鉴的可靠依据。本书在体例设置上分为三个部分，共九章内容：第一部分为“传承篇”，主要通过分析目前企业的接班困境，指出当前众多企业对接班问题存在的误区，进而揭示接班本质，破局接班难题；第二部分为“培养篇”，重点分析企业应该如何培养接班人的能力，或者想要成为企业接班人的有志者应当如何努力，使自己作为接班候选人应该具备的能力，最终成为合格的接班人；第三部分为“制度篇”，主要强调企业传承需要做长期的考量，不但要将关注点聚焦于人，还应该重视制度建设，企业一方面要建立接班人的生成机制，另一方面还要搭建接班人的培养体系，这样才能源源不断地给企业输送在不同发展阶段所需的领导人才和推动企业可持续发展的接班人。

培养接班人对于企业的发展，意义十分重大，它能保证企业拥有源源不断的领导人才，使企业的正常经营不至于因为领导人才的短缺而发生断裂。

本书汇集了作者近 15 年的大型跨国企业人才管理经验、8 年管理咨询洞察和 6 年的理论研究成果。本书站在企业管理的最前沿，将理论与实践进行紧密结合，既适合于企业领导者、咨询顾问和有志于成为高级企业领导者的读者阅读，也适用于“现代企业永续发展”问题的研究者参考借鉴。

目 录

第一部分　传承篇

第二部分　培养篇

第三部分　制度篇

第一部分
传承篇

任何一项伟大的事业，要想传承下来，须有能人来继承，否则再伟大的事业，最终也会消失在时代的洪流中；同样的道理，任何一家优秀的企业，要想获得长远的发展，必须是有才干之人来接班，否则最终也会被市场所淘汰。

然而，接班人问题一直是困扰企业的痛点：如何选择接班人，选择什么样的接班人，什么时候实施接班计划，如何将企业“权杖”成功交到接班人手中……这些问题也一直在困扰着“身在其位”的领导者，因为一旦选错了人，就有可能会导致自己苦心经营的企业陷入破产、被兼并的困境。那么，企业的领导者应该选择什么样的接班人，才能确保企业健康持续地发展下去呢？换句话说，到底是什么样的人，才能带领企业团队继续奋斗下去呢？而站在有望成为接班人的视角来看，到底需要具备什么样的素质，才能成为一名合适的接班人呢？

第一章　新时代，新使命

在世界500强企业中，很多CEO往往一上任，就开始考虑接班人问题，并在锁定人选之后，尽心尽力地培养，以期在自己离任时，能够让企业能顺利交接，成功过渡。

在今天这个机遇与挑战并存的时代，打造世界一流企业并将事业传承下去，更需要培养具有新时代使命感的企业掌舵人。

第一节　数智时代的挑战与机遇

百度创始人李彦宏在他的《智能革命》一书中写道："人工智能将是照亮一个新时代的火种。在国际上，谷歌从搜索引擎，微软从遍布桌面的运用领域，亚马逊从电商领域都积累了海量的数据和计算能力，它们与大学的实验室里面的科学家一起，几乎同步认识到人工智能的新浪潮正在涌动。"

2019年11月19日，"智能新时代－小米开发者大会"在北京举行。小米集团创始人、董事长兼CEO雷军在会上表示，5G将赋能万物互联。

在移动互联时代，连接设备在 50 亿数量级；5G 时代，将是 500 亿连接规模。深圳渴望通讯创始人、董事长方锡林说："这是一个令人捉摸不透的时代，通信领域的发展，一个晚上可能就犹如'轻舟已过万重山'，别说和 10 年前相比，就是和 5 年前相比，商业形态已经不是一般的人能够看得懂的了。"

每当进入一个新的时代，人类文明、社会发展也将跨上一个更高的台阶。在农业社会，中国人用自己的聪明才智发明了算盘，带动了农业社会生产力的发展；蒸汽机的运用，加速了工业时代生产力的提升；大数据、人工智能、移动互联网、云计算、区块链等新时代技术的运用，必将再次促进生产力成几何倍数的增长。新的生产技术的运用，给传统的商业模式带来了极大的冲击，例如，电子商务的广泛、深入、多维度的发展给传统的店铺经营带来了前所未有的冲击，很多企业还没有回过神来，就已经陷入关门倒闭的窘境。

一、"智慧化"对产业发展的影响

构成智慧的一个关键因素"数字化"，毫无疑问也会对我们的产业发展带来推动作用。数据就像传统的资源、能源一样有价值，数据的运用和转化也将成为衡量一家企业竞争力的一个重要标志。大数据能使我们的工作更加精确，大大提高生产效率。大数据能够告诉我们事物间的因果关系，让我们在不明确因果关系时了解事物之间的相关性，从而增强预测性，为企业的决策者提供有价值的决策依据，从而做到科学决策、精准决策，降低盲目决策带来的风险和损失，并且还能够帮助企业把握企业运营全流程、全场景、全产业链；能使生产的产品完全满足客户定制化的需要，能使电子商务更加智能、使产业链金融、国内国际贸易支付结算更快捷、信用媒介更加安全可靠，进而促使企业的运营成本下降。

二、传统产业面临的冲击

2018年8月1日，有一篇新闻报道霸屏了：广东东莞出现首个“无人工厂”。这让打工一族彻底慌了！随着科学技术发展，无人超市、无人驾驶、无人银行等频频刷新人们的眼球。在这些“无”字的背后，又出现了无人工厂。在广东东莞的长安镇诞生了首个无人工厂，工厂内60台机械手，正在24小时工作打磨着一个个手机中框结构件，这60台机械手被分成10条生产线，每一条生产线由一条自动传送带上下料。整个生产过程不再需要任何人工，每条流水线只要3名工人负责看线和检查就足以完成整个生产流程。至此，“工业4.0”和“2025战略”正式为制造界吹响了前进的冲锋号。

毫无疑问，新技术的运用无疑会给传统产业带来冲击，就制造业来说，劳动密集型的企业面临的冲击是首当其冲的。一方面，人手肯定干不过机械手，人工产能肯定无法超越自动化产能；产品质量靠人来控制肯定干不过机械化、智能化的机器人；还有就是人工成本居高不下，连年增加，给企业带来的负担也日益加重。所以，传统企业在运营产能上无法突破，产品质量不受控，人工效能的增量达到了最高值的临界点，这些因素对企业的冲击是巨大的。

2020年7月中旬，我考察了湖南常德一家生产风电螺栓的企业，其员工总数超过2000人，大部分的生产流程和环节还是依靠传统的人工操作，产能已经很难提升，质量控制也是杂乱无章，而且近期好几个批次交付的产品，均出现客户做退货处理的重大生产事故，这给企业带来的损失无疑是巨大的。显然，人多力量大的说法已经不太适合当前的智慧化工业时代了。

三、新时代经济发展的趋势与机遇

从目前的情况来看，中国经济增长的趋势依旧强劲，中国经济发展仍然面临着巨大的机会。作为企业家，我们更应该深信这一点，所以只要牢牢把握发展机遇，撸起袖子加油干就是了。

跨界合作、生态化发展、融入产业链集群已经成为许许多多处在转型升级、变革中的企业寻找下一个腾飞风口的头等大事。

在“智慧化”的背景下，传统的加工贸易、来料加工、OEM 或者是 ODM 厂商的转型升级也会发生重大的变化。京津冀、长三角、大湾区、成渝双城经济圈、中部经济带等地区的产业链集群十分集中，目前也都逐渐形成了各具特色、不同的发展重心的产业链集群。这些区域的特点就是在整个产业链上，物流半径、原材料半径、服务半径都在一两个小时的半径车程范围之内，这非常有利于使产业链的上中下游企业之间的资源要素实现有机整合，避免行业内的供需错配，使供给更加精准有效，还能通过产业链条上生产技术和工艺的良性竞争，推动企业不断创新、促进企业优胜劣汰，延长产业的寿命周期，实现产业能级的快速跃升。更有现实价值的是，能够有效降低物料成本，补齐创新短板，形成企业本身的核心竞争力。

2020 年 9 月 7 日，我的手机突然收到一条来自某手机厂商的短信：“根据您使用手机的习惯，为了延长手机电池的使用寿命，当手机充电到 80% 的时候，将会自动停止充电。”震撼！智慧化的服务给客户带来了前所未有的体验，超越了我们的想象。有如此周到走心的服务，让客户舍弃现有的手机去换其他品牌的手机基本上是不可能的。而这样的企业，想不成功都难。

除了企业内部在新产品的研发、新技术的开发、管理体系的升级等方面的持续投入和改进能够给企业带来市场竞争力之外，其实区域的产业链集群、地方政府的优先发展产业的政策也能够给企业带来发展的机会。事实上，单一的企业不能“独立经营”，而应该“扎堆经营”，把自己融入产业链集群的生态中去，随大势而动，企业的可持续化发展才可以实现。

四、打造世界级一流企业

当下，新一轮的国有企业改革以混合所有制改革为基本手段和新的切入点，进一步推进企业走国际化、市场化为核心导向的发展道路，是我国企业应对国际市场不确定性、支撑国内经济持续向好发展的强心剂。时至今日，在推进国有企业改革的过程中，我们可以看到，目前国企中还广泛存在核心竞争力不强、治理结构尚需完善、管理理念保守陈旧、人均效益不高、管理水平还有待于进一步提升等诸多问题。同时，为了更好地贯彻国家“讲好中国故事、发出中国声音”的大政方略，把握国际商机，无论是国企还是民企，都必须进一步革新发展理念、开阔视野、提升企业管理水平，站在新时代前沿和国际高度打磨企业自身的全球竞争力，为实现中华民族伟大复兴的中国梦而奋斗不止。

第二节　掌舵者是决定性因素

在新时期，打造世界一流的企业需要世界一流的掌舵人。

按照企业生命周期理论，企业发展一般会经历四个阶段：创业期、成长期、成熟期和持续发展期（或衰落期）。每一个阶段，企业掌舵人的核心能力和需要扮演的角色都不尽相同，职责也各有侧重。但是，在每一个阶段，企业都有不同的成熟程度（如图 1–1 所示）。在企业的不同阶段，划分不同的成熟度，更有利于企业掌舵者把握全局、驾驭企业的战略发展方向和优先事项。

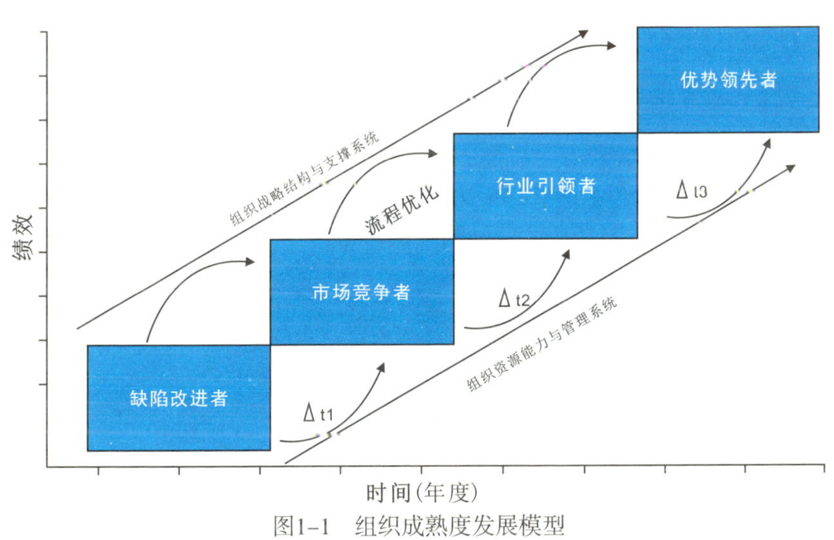

图1–1　组织成熟度发展模型

有研究发现，处在不同发展水平或者不同阶段的企业所需要的企业掌舵人也是不同的。在创立初期的企业，可能需要配置“特种兵”型的掌舵人，换句话说需要什么都会干的全能型掌舵人。此时的掌舵人需要身怀十八般技艺，既能做客户代表，又能做财务会计，还要擅长开发新产品和服务；既要懂生产制造流程，还要能负责品质管控；既能玩转供应链，还能玩转人力资源，一句话概括起来就是什么都要干。在成长期的企业，掌舵人需要带领全体员工冲锋陷阵，攻城略地。同时，意志力和判断力都必须强韧准确，能坚持到底。在这个时期，掌舵人还必须努力成为“制度构建者”，将原本的游击队改建为正规军。在成熟期的企业，已经打开了市场局面，在市场上占有一席之地后，掌舵人要格外注重建立管理架构和行政体系，要依靠系统和流程来运作。在持续发展期（或衰落期）的企业，系统和流程的力量越来越强，掌舵人也成了“贵族”，把自己和基层员工以及市场上的一线客户隔开，听取意见的来源是公司高管，而不是基层员工和客户。这个时期，除非内部来一次大手术，对结构和组织做出调整，回到创业初始的状态，否则公司只能随时间逐渐老去，直至结束。

基于企业的不同发展阶段和企业成熟度模型，以及掌舵者在新时代肩负的双重使命，有必要给企业的掌舵人画一个像，如图 1–2 所示：

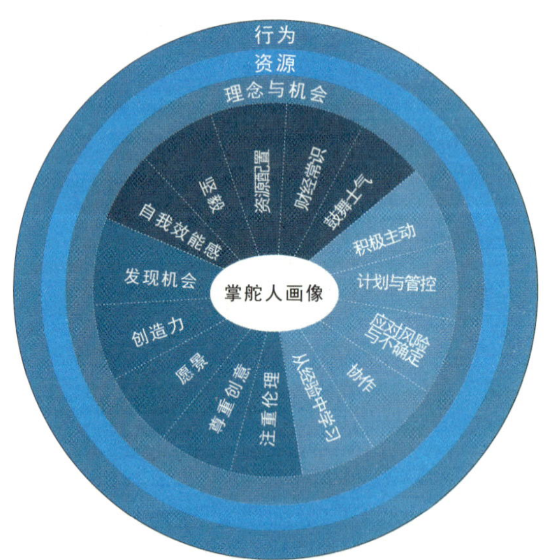

图1–2　企业掌舵人画像

这幅新时代企业掌舵人的画像，清晰地勾勒出了企业掌舵人应该履行的使命，承担的职能，拥有的素质，怀有的观念，抱有的精神和意识，掌握的知识和能力。当然，这只是一副画像，而仅靠一副画像是不能够诠释企业掌舵人的全貌的，所以在后续的章节中，我们还会进行详细的阐述。

第三节　接班人是企业的未来

改革开放 40 多年来，我国民营企业经历了从无到有，从小到大，从弱到强，从国内到全球的成长过程。

20 世纪 80 年代，第一代民营企业家脱颖而出，其中以鲁冠球、柳传志、马明哲、任正非、茅理翔等为代表；20 世纪 90 年代，第二代民营企业家诞生，其中以陈东升、毛振华、李宁等为代表；2000 年左右，随着中国不断融入世界的发展潮流并伴随着互联网的兴起，一批具有国际视野和创新精神的民营企业家频频出现，如马云、马化腾、李彦宏等，数不胜数。这些人当中已经有不少人将公司交棒给下一代，比如柳传志将联想交给了宁旻，茅理翔将方太交给茅忠群。

目前看来，这些企业在第二代接班人的带领下，持续向前发展。那么，任正非、马明哲等人的接班人又在哪里呢？这些企业家已经接近或者超过 70 岁，有的年近八旬了，接班人计划似乎在运作，但又似乎不着边际。

企业能否基业长青，关键还是要看接班人。接班人是否胜任，将直接关系到企业的前途和命运。美国 HP 公司糟糕的接班人计划，就给企业带来了无法估算的损失。由此可见，选好接班人、培养好接班人是多么的重要！

大数据、移动互联网、5G 计算、工业 4.0 等外在的因素也在不断催化和加速接班人的迅速补位需求。很显然，许多创一代还没有回过神来，就基本上被淘汰出局了。

很多企业的创始人哪怕很年轻，不足 50 岁，却已经深感到自己面对大环境时的无能为力。比如，一些公司的创始人，在公司面临国际化发展带来的挑战时，显得江郎才尽，只要一遇到挫折，就直接进入清盘的阶段。这种情况，可以说并不少见。

其实，对于接班人的培养，应该在企业发展的每一个阶段都要做好准备，而不是等到创一代快要退休时，才来考虑这个问题。

这是一个最好的时代，也是一个最坏的时代。时代是美好的，也是残酷的，有时候，确实是这样的场景："时代抛弃我们连声招呼都不打。"这句话也适合那些准备接班，或正在培养接班人的创一代，静心自问："谁能担此大任？"

第二章 不能承受的交接之困

随着第一代企业家的老去，接班人问题已经成为企业不得不面对的一个难题。有的企业家顺利交接，比如李嘉诚将长和系交给长子李泽钜；有的企业家却苦于二代不愿意接班；有的企业在接完班之后，接班人却难当大任，最终使企业“二世而亡”；有的企业在接班后面临着如何过渡的问题……可以说，每家企业都有一本难念的经。尤其是很多企业后继无人、接班时陷入人选之争、接班后权力过渡期内耗严重，等等，这些都是当前企业关于接班与传承所面临的困境。

所以，在本章中，我们将通过对案例的层层剖析，揭示企业在接班问题上所面临的困境，并深度剖析造成这种困境的原因。

第一节 接班人即是传承者

随着数字经济的发展，今日头条、滴滴出行、饿了么、瓜子二手车等企业相继涌现。这一批企业家大多属于“80后”，可分为两类：一类是富二代企业家，比如碧桂园的杨惠妍、娃哈哈的宗馥莉、王健林之子王思聪等；另一类是白手起家创业者，比如字节跳动的张一鸣、滴滴出行的程维、全球无人机品牌创始人汪韬等。

改革开放40多年以来，随着我国经济体制的不断调整和优化，民营经济蓬勃发展，也因此诞生了一批又一批企业家。如今，第一批企业家已人到暮年，有的已经退出历史舞台，有的正在寻找接班人。那么，在接班人的问题上，应该遵循哪些原则呢？要弄清这些问题，我们不妨先来了解一下关于接班人的理念。

一、接班人的基本概念

到底什么是接班？接班人该如何定义？

据《史记·五帝本纪》和其他相关文献的记载，尧帝是黄帝的后代，帝喾（五帝之一）的儿子，是一位颇具文治武功的圣王。

尧帝在位期间，潜心理政，改善民生，很快便出现了“协和万邦，黎民于变时雍”、天下安宁、世风祥和的政治清明局面。

在选择继承人的问题上，尧帝也是煞费苦心，当时百官纷纷推荐他的儿子丹朱接替他的帝位，但尧帝认为，以他的儿子丹朱的德行，做个部落首领还可以，但做天子显然还不够。有一次，尧帝问他的老师许由：“啮缺（许由的老师）可以做天子吗？我想让他继承我的帝位。”许由不假思索地说：“不行的！那样对天下将是一件很危险的事情。虽然我的老师聪明机智，反应敏捷，天分过人，但他却仅仅崇尚智慧而不顾自然的发展规律。他经常以自己的标准去分辨事物，处处干涉事物的发展，整天忙忙碌碌地应接四方，想方设法去改变万物，弄得它们不能安宁。这样的人，怎么能够让他做天子呢？的确，他的一些行为可以被一般人所效法，但以他的德行，做一个诸侯国的君主还能胜任，但要当天子，那是远远还不够的。”许由的一番话，可以说是大实话，而且把自己的老师也分析得极为透彻，尧帝听完后，立刻就明白过来，从此不再提让啮缺继承帝位的事。最后，尧帝经过长期的观察与考验，才放心地把帝位禅让给德才兼备的舜。

尧帝将自己的帝位禅让给舜，也是我国禅让制的开始。后来，舜又以同样的方式将把帝位传给了治水有功的禹。禹继位之后，统一天下九州，并推举了自己的贤臣皋陶为继承人，但由于皋陶早逝，禹只好把帝位传给自己的儿子启。这便是我国世袭制的开始。

从历史的经验中，我们不难看出，接班人实际上就是接替前辈所开创事业之人。这个人可以是直系亲属，也可以是旁系亲属或者没有亲属关系的人。接班就像是在接力赛跑道上接棒之后，继续向前奔跑，而接班人则是拿起这根接力棒的人。

二、传承的三个维度

接班人也是传承之人。那么，作为接班人，需要传承的，到底是什么呢？传承包括三个维度：一是财富传承，二是事业传承，三是精神传承。如图 2–1 所示：

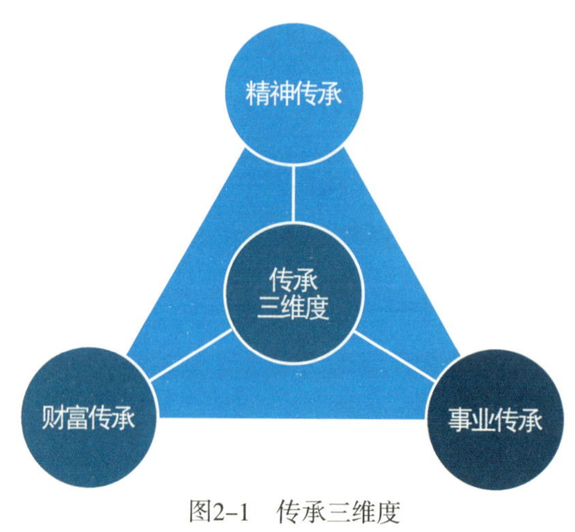

图2-1　传承三维度

1. 财富传承

这里的财富不仅仅指库存现金、银行存款等，还有房产、土地等不动产和股票、债券等动产，此外还包括一些其他形式的资产，比如收藏的艺术品、信托、保险等。

财富传承可分为两种模式：第一种是直接传给下一代。比如著名石油大王洛克菲勒，一生创造无数财富，如今他的财富已传承到第六代继承人手中。他在 1882 年设立了代号为“5600”的家族办公室，为洛克菲勒家族提供几乎所有的服务，包括投资、信托、法律、会计以及慈善等事务。第二种是用财富为下一代创造创业的机会。比如，王思聪对于父亲王健林的业务并不感兴趣，热衷于电竞。

2. 事业传承

事业传承是指上一辈人打下的江山由谁来承接，企业的经营管理权交由谁来打理，这是企业传承的核心内容。

荣氏家族发家于 20 世纪初。荣宗敬和荣德生两兄弟在 1902 年创办了面粉厂，三年之后又设立了新纱厂。经过 20 多年的发展，荣氏兄弟成为名震工商业的“面粉大王”和“棉纱大王”。迄今为止，荣氏家族已经传承到第五代，在我国多个领域中占有一席之地，其中包括实业、贸易、电子商务等。

事业传承如同惊险的一跳，要么华丽转身，要么满盘皆输，其中涉及的问题非常复杂，必须慎之又慎。

3. 精神传承

精神传承主要是指企业家精神，有时候也被称为企业文化的传承。这是企业传承的根本。企业是履行社会责任、创造利益的经济体，是促使社会得以发展的关键因素。每一个企业都是社会的细胞，其担负的不仅仅是家族的命运，更与社会的发展息息相关。

可以说，传承企业精神是让企业得以兴旺发达、基业长青的最主要因素。通过下面的几个案例，我们就能够看出，精神的传承对于企业的持续发展到底有多重要了。

洛克菲勒家族成功的秘诀离不开对企业精神的传承。洛克菲勒家族精神可概括为三点：忠诚度、信誉度、坚韧度。忠诚，指的是无论遭遇何种境地，都要忠诚于家族、忠诚于事业；信誉，指的是恪守对客户的信誉，这是企业的立足之本；坚韧则是指百折不挠。洛克菲勒家族的标准石油公司，曾遭受政府长达30年的打压，但洛克菲勒家族坚持抗争，直到最后一刻。正是这三种精神支撑着洛克菲勒家族熬过最艰难的寒冬，最终在经济低迷的全球环境下，始终保持着旺盛的生命力。

豫商康氏家族是中国极具传奇色彩的一个家族，传承了四百多年，子孙十二代都是富豪。其久盛不衰的秘密就在于他们对于家风的传承。“留余”是康氏家族的家训，也是其兴盛不衰的基石。“留有余，不尽之巧以还造化；留有余，不尽之禄以还朝廷；留有余，不尽之财以还百姓；留有余，不尽之福以还子孙。”意思是不要把机巧使尽，要给自然界留有余地；不要把俸禄用尽，可以适当回报国家；不要把财物占尽，当拿出部分与乡里百姓分享；不要把富贵享尽，应给后代子孙留下生存发展的基础。宋代大儒朱熹曾言：“人文教化是根本。”用优良的家族文化教化子孙后代，能帮助他们成才，形成良好的品格，这是家风形成的基础，也是家族得以持久发展的关键。

晋商乔氏家族也是我国历史上声誉显著的一大家族，兴盛两百多年。乔氏家族的兴旺与其家规家训密不可分。乔氏的发家始祖是乔贵发，他亲眼看到曾与自己一起创业的秦氏家族，因家风不正，后辈吃喝嫖赌，家族由盛而衰。为避免乔氏家族步其后尘，于是给后代定下了二十四字家规：不准纳妾，不准赌博，不准嫖娼，不准吸毒，不准虐仆，不准酗酒。在这“六不准”家规下，乔氏家族的事业日益兴盛。

财富传承是一种线性的传承，从 A 点到 B 点，比较内敛和保守，考验着接班人“带团队”的能力；事业传承是一种宽度的传承，不断拓展事业边界，考验着接班人“带组织”的能力；精神传承是一种立体式、系统化的传承，是企业得以基业长青的基础和关键。

接班人在继承企业时，既要传承优势又要懂得顺势而为，应势而动，不断调整产品线。比如，乔氏家族最初经营草料、粮、油、米、面等商品交易业务，到第三代时，传到了乔致庸手中。由于当时匪乱严重，商人携带大量银两特别不安全。乔致庸敏锐地捕捉到了这一商机，于是开设“大德通”和“大德恒”两个票号，经营存汇款和汇兑业务。在乔致庸的用心经营下，乔氏商业遍及全国，乔家成为商业巨贾。

物质传承为精神传承提供了深厚的经济基础，同时协助企业的事业传承；精神传承是让物质持续传承的内在动力源泉，引领着企业的发展。其中，精神传承是企业传承过程中最难的部分，同时也是最有意义的地方。能否将企业的三种财富延续下去并发扬光大，既考验着企业家的智慧，也考验着接班人的能力，可谓任重而道远。

三、企业传承的本质

管理大师彼得·德鲁克曾经说过：“管理是以文化为转移的，并受其社会的价值观、传统与习俗的支配。”由此可知，传递并更新企业的使命、愿景和价值观，是企业在变幻莫测的时代中能够保持清醒的根源，是企业传承的灵魂所在。所以，接班的本质，是一种内在的传承，更是一种价值观的传承。

那些发展了数十年、甚至数百年的企业，之所以能够取得成功，靠的不是冰冷的机器设备，也不是毫无温度的金钱和厂房，而是其背后的经营哲学，表现为对企业文化和企业精神的传承，如李锦记的家族商道、京瓷的“敬天爱人”文化、同仁堂恪守几百年的“炮制虽繁必不敢省人工，品味虽贵必不敢减物力”的信条等。

自创业之初，李锦裳就一直强调两大商业道德：同行和睦、社会和谐。其后人也一直遵从并恪守祖辈传下来的商业伦理，第三代接班人李文达掌舵时，又增加了一条“思利及人”。最典型的案例就是20世纪80年代时与马来西亚一家蚝油厂的官司。当时这家工厂的商标仿冒李锦记的熊猫牌商标图案，并将仿冒商标产品在18家超市销售。为了维权，李锦记与这家耗油厂对簿公堂，最后法庭判处这家工厂连同18家超市共同承担对李锦记的赔偿事宜。官司结束时这家工厂已经倒闭。李文达考虑到这18家超市的处境，决定不再追究其责任，建议它们卖李锦记的产品，并将赔偿款作为市场推广的费用。而这18家超市也感激李文达的大度，与李锦记携手，帮助李锦记共同开拓马来西亚市场。

接班的实质，其实就是对企业所秉承的商道传承。康氏家族所秉承的“留余”之道是其家族事业得以发展的精髓。

我们知道，企业传承有三个维度，分别是传承事业、传承财富、传承精神。其中，最难传承的就是企业精神，事业和财富都是显性的资源和能力，然而企业家精神却是隐性的，必须亲身经历方能真正体会到。企业精神也正是企业是否能够基业长青的最为关键的因素。

彼得·德鲁克认为，家族企业的核心在于“企业”，家族只是企业最初的一个载体，企业要想持久地延续，家族必须为企业服务。李锦记家族很早就看清了这一点，突破了家族企业的束缚，转变了企业家族，通过家族委员会制定了“家族延续、创造历史、成为优秀民族企业典范”的使命。因此，他们在全球范围内寻找合适的CEO来接班，继续传承李锦记的企业使命和企业文化。

传是承之始，是一种经验上的延续和发展；承以传为基，是一种承担和归纳。所以，接班并不是一蹴而就的交接动作，也不是一个独立的事件，而是一个不断推进的系统性过程。因为对于企业创始人来说，他们要传承的不仅仅是企业的产业规模和家族财富，更包括企业的使命、愿景和价值观，因为只有这些看不见摸不着却无处不在的经营之道，才是企业最核心的财富和资源，也是企业后续发展的力量源泉。

第二节　交接的三大困境

历史的车轮滚滚而前，时代的潮流浩浩荡荡。改革开放以来，无数企业发展壮大。但如果细心梳理，我们便不难发现，越来越多的企业在交接班上陷入了困境。

那么，从当前的情况来看，企业在交接班的过程中，都有哪些难题呢？我们经过梳理发现，企业交接班的困境主要来自以下三个方面。

一、后继无人

所谓“蜀中无大将，廖化作先锋”，这实在是一个很尴尬的问题，同时也是一个很严重的问题。因为这个问题的出现，意味着蜀国已经即将走向衰亡。

而在今天的企业交接班中，如果也出现这种后继无人的现象，便意味着这家企业即将面临严峻的考验。我们都知道，任何一个企业的制度再完美，人才机制再健全，都需要有人去执行，这些制度和机制才会发挥其作用，如果这些企业后继无人，没有可用之才，那么一切都等于零。

那么，为什么有些企业会面临后继无人的难题呢？这是因为企业的创始人深受家族文化影响，将企业当作自己的家一样经营，固守传统的传承观念，所以造成了企业在该交接班时，出现了后继无人的情况。这种情况的出现，主要有两种原因。

1. 二代接班的意愿不强

这种情况主要体现在家族企业中。很多创业家在事业稳定后，就开始着手培养接班人了，一是安排准接班人接受国外先进的教育，这是因为创一代大部分文化程度不高；二是安置二代在合作伙伴或者朋友的企业中接受历练；三是直接就让二代自己去寻找发展之路，自己则完全放手。创一代们期望自己的孩子通过高等教育和底层磨炼，增强接班意愿，将自己开创的事业推向下一个新的阶段。

然而，中国社科院曾做过一项调查，结果发现，至少有 82% 的创二代不愿意接班。这一因素在很大程度上影响着企业是否能够得以延续。据美国的统计与研究显示，能够将企业成功传给二代的家族企业只有 30%，而传给三代的则更少，只有 10%。

那么，为什么创二代不愿意接班呢？原因主要有如下几点。

第一，志不在此。

一是对父辈所从事的行业不认同。在我国，老一辈的企业大多以实业为主，比如机械设备等传统制造业。而成长于高科技时代的新一代，对家族事业兴趣寡淡，反而更愿意从事高科技信息产品和现代服务业等自己喜好的事业。

二是对父辈所服务的客户不认同。以前的商业模式大多是产品批发，现在多是 B2B、B2C 的运营模式，那么所对应的客户对象有着很大的不同。

三是对父辈的经营理念不认同。企二代普遍有着高学历以及海外求学的经历，眼界和思维与父辈也不相同，因此在企业的管理模式和商业模式上与父辈存在着很大的差异。一旦意见不合，有着强烈的独立意志的企二代们会选择放弃，而选择自己喜欢的商业与模式。

第二，力不能及。

一是内心充满恐惧。作为企业未来的领袖，接班人背负着双重责任：一方面要谋求家族财富持续不断地增值，另一方面还要推进企业转型升级、推动企业的可持续发展。面对如此巨大的责任，很多企二代对于接班这件事，内心充满了压力和恐惧感。再加上他们的成长环境都非常好，没有经历过风浪，因此他们觉得自己无力扛起重担，怕日后万一失败而被冠上“败家子”的名头。

二是传承信心不足。父辈所从事的实业日渐式微，所面临的处境日益艰难，企二代们不看好实业的未来，对父辈所从事的行业信心不足。另外，父辈总不放心让孩子放手去干，在家长制强权下，企二代逐渐丧失对于接班的信心。

三是自身能力不够，不能做好事业传承。

第三，心不能通。

一是与父辈的代际矛盾。我国有着几千年的传统家长制文化，父辈强势，控制欲很强。创二代大多是“80后”“90后”，绝大部分都是独生子女，追求独立、自由、平等，价值观上与父辈不同，因此不可避免地会产生诸多矛盾和隔阂。

二是发挥能力的空间受限。公司是企业家的心血，其中倾注了他们巨大的感情，因此企业家在某种程度上迷恋权力权威，也不愿意放手，或者因担心企二代撑不起门面而不敢放手。企二代们认为在父辈的强权下，难以施展自己的能力和抱负，因而更愿意选择别的出路。

三是接班人心智不成熟。自小生活在父辈的光环下，企二代渴望被认同，被尊重，也希望能与父辈进行平等沟通，获得足够的自由和权限去做自己喜欢的事情。

2. 接班人难当大任

接班意愿和接班能力是阻碍接班的两大因素，当选定的接班人愿意接班时，能否担此大任也是一个值得思考的问题。

历代君王在选择接班人时，在立长还是立贤的问题上，往往都会有一番纠结。比如曹操，面对曹丕和曹植兄弟二人的立嗣之争，也曾经过多次内心挣扎，但最终还是选择了曹丕，很重要的一点就是曹丕颇具文治武功，他自小就跟着父亲南征北战，具有实战经验，能力突出；而曹植虽然才华横溢，但在治国能力上，却要差一些，根本不是刘备和孙权的对手。

接班人是企业的传承者，对企业未来的发展至关重要，有能力者能够带领企业更上一层楼，能力不足者，有可能倾覆事业大厦。

古人有云："良才善用，能者居之。"作为企业未来的一把手，接班人必须在多个方面胜人一筹：在微观上，要做好内部管理；在宏观上，能够顺应国家大势。只有这样，接班人才能够继事有道，承业有方。

二、悬而未决

后继无人是企业在接班问题上的第一大困境，然而也有企业存在着多个接班人竞争一个位置的情况。有多个人可以继承企业，这本是好事，但是因为缺乏统一、有效的接班机制，导致各个接班人之间甚至接班人所代表的团体之间矛盾的激化，对组织造成巨大的能量消耗。

“天下熙熙，皆为利来，天下攘攘，皆为利往。”世间所有的矛盾，大都源于一个“利”。从本质上看，股权之争就是利益之争，将会带来三个方面的影响。

出现股权之争的公司，一般是大股东控权比例低、股权分散的企业，而出现股权之争的原因在于外来资本看上了公司的盈利点，认为夺得控股权便可掌握各类优势资源，从而获得更多的利。

外来资本的注入，本应为企业的发展带来活力。然而，在经营权与管理权分离的企业，股权之争对企业来说是一种严重的消耗，会对企业的发展带来极大冲击。首先，管理层集中精力与外来资本斗智斗勇，很难专注于公司的日常经营管理上，进而影响公司的正常经营。其次，股权的动荡也会对员工带来一定的影响，因为大家不明确谁是最终带他们前行的人，对于未来方向性的判断将影响其工作效率。

董事会在企业管理中起着非常重要的作用。一般来说，董事会由股东大会选举产生，由三部分人组成：其一，股东代表；其二，公司的关键人员，如经理、高管等；其三，独立董事，这部分人并非企业内部人士，与股东没有关系，而是社会知名人士，其职能是为企业提供客观、公正的建议。

董事会是公司的核心机构，负责公司的经营决策。在董事会中，不存在权力大小的问题，所有人都是平等的。然而由于各方所代表的利益不同，或者经营理念的不同，在决策上会产生矛盾。这就会引发三种问题：一是董事会决策的有效性；二是董事会决策的稳定性；三是董事会决策的一致性。

美国某知名媒体曾做过一项调查，结果显示，在调查的企业当中有接班人计划的董事会只有 50% 左右。很多公司是在危急关头才匆匆启动选聘程序，然而结果却并不乐观，18 个月内选择离开的人数量高达 40%。在中国，参与领导人选拔的董事会数量则更少。

由此可见，董事会尚未将接班人计划纳入自己的职责范围内。

三、内耗严重

也有一些企业实现了接班，但在权力过渡期却因为交接冲突，从而导致企业内部纷争不断，内耗严重，影响了组织的稳定和发展，这些主要表现在如下两个方面。

第一个方面的原因是创始人与接班人的矛盾。

创始人与接班人之间的矛盾有着多方面的原因：其一，二代接班人大都受过良好的教育，与父辈在经营理念方面存在着很大的不同；其二，二代接班人成长于优渥的环境下，缺乏磨砺的他们，几乎从未经受过失败的感觉，凡事都比较理想化；其三，接班人能力不足以服众，导致创始人不放心全部放权；其四，创始人在创业过程中习惯了把控，这就导致他们喜欢干预公司事务；其五，企业是由创始人一手缔造，所以在员工的心目中有着无比的威望，这是接班人无法替代的。

第二个方面的原因是接班人与元老们的矛盾。

接班人进入企业之后，不仅会面临与传承人的磨合，还要面临与企业元老们的矛盾。一般老臣们都是追随前任领导者一路从草根打拼过来的功臣骨干，他们与接班人产生冲突的原因主要有三种因素：一是接班人上任后会进行改革，调整公司的发展方向和战略目标，包括管理制度和管理流程，元老们对此并不认同；二是接班人变革力度大，影响了元老们的既得利益或者未来的利益；三是接班人的工作风格无法获得元老们的认同，他们会觉得自己不被尊重而对接班人心生不满。

接班人与元老们的矛盾一般有三种表现形式：一是元老们表面作壁上观的态度，实际上却是紧盯接班人的一举一动，一旦发现接班人的错处便大做文章力图打压；二是元老们暗中使绊，利用自己在组织中的资历和权势干扰接班人，使他处处受挫；三是将对接班人的不满表现在明处，公然反对，甚至在组织中联合其他人抵制接班人的管理。

虽然在权力交接时传承人与接班人之间的矛盾以及接班人与元老们的矛盾无法避免，但并非不可协调，关键在于如何化解。

在家族企业中存在这些问题，在非家族企业中，这些权力过渡期的问题同样存在。近些年，随着资源整合速度的加快，兼并与收购已成为企业应对市场竞争的重要手段，其中不乏“独角兽”级别的企业实行强强联合。如中粮集团收购蒙牛，优酷和土豆合并，58同城与赶集网合并，饿了么收购百度外卖，阿里巴巴收购饿了么等。在快速变革的时代，“大鱼吃小鱼，快鱼吃慢鱼”的局面已不可避免。然而“一朝天子，一朝臣”，两个企业的兼并重组是一回事，重组之后的融合则是另外一回事，合并之后的企业面临着巨大的挑战。

很多企业在并购的过程中，未重视企业文化的重要性，从而导致组织内部冲突、摩擦、对抗，有一部分CEO和高管最终会选择离开，另起炉灶，企业也会因此陷入无人可用的危机。

企业的兼并收购表面上是两家公司的合并，本质上却是文化的融合。合并后的企业能否高效运转，与团队的融合度及凝聚力息息相关。“水能载舟，亦能覆舟”，当团队认可管理者，愿意与其合作，企业就能获取良好的受益，从而促进企业的良性发展；如果团队不认同管理者，处处与之对抗，那么企业势必难以为继。

企业文化是企业之魂，兼并之后的两个或多个企业如何融合，是企业能否和谐发展的关键。企业接班人要增进并购公司与被并购公司团队彼此之间的认识和了解，协调好人与事之间的关系。而对企业文化因素的重视程度，则是接班人是否能够赢得核心团队信任的关键所在。

总之，后继无人、悬而未决、内耗严重这三个问题，是当前很多企业在交接班之时所面临的困境。这三大困境也正在影响着企业的稳定与成长，成为许多企业的潜在风险。所以，探讨企业交接班的困境，以及产生问题的根源，从而在根源上将潜在的问题化解掉，才能使企业顺利传承，基业长青。

第三节　交接的四大误区

在前文中，我们已经谈了企业交接时经常会出现的三种困境。这三种困境就像是悬在每个企业和企业家头顶上的达摩克利斯之剑一样，随时都有可能带来灾难。想要彻底解决这个问题，就必须先弄清楚问题的根源，然后才能对症下药。其实，很多企业之所以面临这样的困境，主要在于企业在对接班人的问题上存在着诸多误区。这些误区主要表面在四个方面：

一、观念误区

井底之蛙的寓言故事相信大家耳熟能详，青蛙之所以无法理解海龟所描述的大海之广阔而自以为所在井底的泥浆便是终极乐土，就是因为它陷入了观念上的误区。有调查表明，许多企业家在企业接班问题上存在着很大的观念偏差和认知上的缺失。当企业家被他们的观念困住时，就会形成刻板印象，像那只青蛙一样，无法看到固有思维之外的问题解决方式，主要表现在如下三点。

第一，对接班问题讳莫如深。

首先，受传统思想观念的影响，中国人都避谈生死，尤其是生意人，觉得早早“托孤”很像立遗嘱，很不吉利。因此，他们忌讳谈接班的事情，一谈到接班问题就采取回避的态度。

然而有趣的是，企业家为孩子购买保险、送子女去名校深造、让子女毕业后进入家族企业工作并赠送其股权等行为，其实都是企业家在进行财富传承，这也是传承的一个维度（关于这一点，我会在第三章中详细讲述）。这就是认知与观念上存在的偏差。无论是平时琐碎的财富传承行为，还是系统的接班人计划设计，其实都是为了让企业得以延续，也让企业的利益相关者得以收益。

其次，有一部分人觉得自己还年轻能干，不着急接班的事。然而他们忽略了，“天有不测风雨，人有旦夕祸福”，一旦有意外发生，很可能连“亡羊补牢”的机会都没有。比如，2004 年，复旦复华科技股份有限公司副董事长兼总经理陈苏阳遭遇空难，失去脊梁骨的公司一下陷入混乱局面。

第二，视野狭窄，固守内外有别的偏见。

很多企业家受传统观念的影响，认为企业就应当“传内不传外”，一定要在家族内部寻找接班人。还有的企业家认为企业一定要传承给行业内的专业人士才有可能将企业延续下去。其实这些都是因为自身立场问题而产生的偏见。

二、战略误区

每个企业都有自己的战略，但在选择接班人的时候，如果陷入了战略误区，往往就会导致用人不当或无人可用。这种战略误区主要有两点：

第一，“找对人”比“做对事”更重要。

受传统人治思维的影响，中国企业家很多都认为，找到对的人才是最重要的。无论是选择搭档还是寻找投资者，他们往往注重“眼缘”。柳传志也曾说过：“领导就是做好三件事：搭班子、定战略、带队伍。”说的就是先找到志同道合的人，再一起做事情。但是，这种做法只是针对企业的初创阶段而言，对于那些已经发展到一定规模且相对成熟的企业，这种做法已经不适合了。例如，我们给平安集团开发的高管领导力培养项目是从“想事、做事、带队伍”来展开的，其中每一项分为五个层次，每个层次包含若干项素质，概括起来就是“三个维度、五个层次、二十一项素质”。

一是接班人与企业发展战略不契合。很多企业中往往是“一个萝卜一个坑”，仅仅是根据企业当前的岗位来分析对人才的需求，而未从企业未来发展趋势和发展重点着手。一旦企业因为发展而不得不增加岗位数量或者新的岗位，那么对于接班人的素质和能力要求也会有较大的调整。这时企业就会面临人才储备不足的状况，造成无人可用的局面。

二是最初选择的接班人不可靠。选择范围、选择方法、选择标准等因素都会影响选择接班人的最终结果。如果在交班后才发现最初选择的接班人不靠谱，或者是错误的，恐怕为时已晚。

选择接班人，一定要与国家的发展战略以及未来的发展趋势相匹配。于国如此，对于企业也是一样。

第二，坚持完美主义原则，不允许短板存在。

很多企业在挑选出几名候选人之后，在抉择阶段却难以敲定最终人选，因为这批候选人或多或少都有着这样那样的短板，比如财经类出身的CEO在人事管理方面缺乏技巧，技术类出身的CEO在财务管理方面又欠缺经验。

三、标准误区

很多企业对人才的选拔标准，往往只是流于表面，所以很容易被表相所迷惑。一般，CEO继任规划失败的七大原因，其中就有三点与此相关。

第一，对外部人才偏爱。

许多企业面临高管因为各种问题突然离开时，会偏向从外部寻找接班人，因为他们认为“外来的和尚好念经”，外来人才能给企业带来更多的活力。然而，这其实是一种误区。诺埃尔·蒂奇指出，企业想着从外部引进人才是因为企业内部人才的缺失，这意味着企业领导梯队的失败。

第二，光环效应。

企业从外部聘任高管时，比较偏爱那些有着明星企业工作背景的人。这种光环效应会迷惑挑选接班人的人。许多外部继任者常常会夸大自己过去的成就，靠着高超的话术包装自己，但其实他的能力并不足以担当大任，然而企业却往往对这些人寄予厚望。另外，有些内部继任者比较善于收拢人心，他们通过各种舞弊行为扰乱企业家的判断，企业家在不熟悉他们的情况下很容易被他们蒙蔽。

第三，根据固定特征挑选接班人选。

一些企业根据人才的固定特征而非实战经验来选择接班人，然而这却是一种不切实际的做法。

诺埃尔·蒂奇在书中还以惠普公司作为案例进行分析。惠普董事会最初拟定了接班人的20条特征，后来又缩减到4条，并用这些特征对潜在的继任者菲奥莉娜进行一一比对，结果发现菲奥莉娜的特征与惠普的接班人标准十分契合。然而，菲奥莉娜本人“从未担起过公司盈亏的责任”，她上任之后对惠普的一系列变革都相继失败。由此可见，靠固定特征挑选接班人的做法，是非常不靠谱的。

四、举措误区

许多企业并非没有接班人计划，据普华永道发布的2018年全球家族企业调研中国报告显示，中国约有20%的家族企业，目前都制定了接班人计划。然而，真正发挥作用起到较好效果的却非常少。原因就在于接班人计划未能真正有效落地。

那么，究竟是哪些环节出现了问题？

第一，急于求成，拔苗助长。

当感觉人手不够时，企业家疲于应付，就让自己的孩子中断学业，来帮助自己打理公司。为了解决一时之需而让子女放弃深造的机会，这种急于求成、拔苗助长的做法，不管是对接班人，还是对企业，都会造成很大的破坏。

有的企业家比较急于求成，所以子女刚进入公司，就对其委以重任。但他们却忽略了，自己的孩子对公司业务并不熟悉，也没有相关的阅历和社会经验，在这种的情况下接手公司，就会出现很多问题，比如难当大任、决策失误、用人不当，等等。这样就难以服众，甚至会招致公司“老臣”的抵抗，这些因素都将为企业的发展埋下祸根。

第二，接班人计划被束之高阁。

很多企业在制定了接班人计划之后，却没有具体落实。一方面，是由于接班人计划未落实到具体的责任人，缺乏相应的奖惩机制，因此那些高层觉得接班人计划与自己无关，而且他们甚至还担心未来的接班人可能会影响到自己的地位。另一方面，是由于参与接班人计划的各方要求变化很快，那么最初制定的接班人计划就成为一纸空文，那些潜在的接班者并未得到组织系统的培养。

其实，上面这些误区的存在，归根结底都是接班人能力的问题和接班制度的建设问题。实际上，接班人计划并不是一个人的事，而是一个团队、一个组织必须持续关注的大事。只有走出企业交接的误区，才能真正走出企业交接的困境。

第四节　谋定才能无忧

治国之要，首在得人；治企之要，重在得人。

英国宇宙航行组织总裁奥斯汀·皮尔斯曾提出著名的“皮尔斯定律”，即企业接班人关乎企业的经营成败，也是保持企业长久生命力的关键，企业应将培养接班人置于与企业财务收入同等重要的层面。

每个成功的企业家都曾有过自己的鼎盛时期，然而在时间的流逝中，一切都将成为过去，企业家的精力、能力、经验甚至经营智慧等都可能会在时代的进步中成为阻碍企业发展的阻力。如果忽略这种事实，就极有可能使企业掉入经验的陷阱中。杰克·韦尔奇说：“高效的领导者都意识到，对领导能力最后的考验，主要是看其能否获得持久的成功，而这需要不断地培养接班人才能完成。”有位企业家在卸任时曾这样说：这世界谁也没把握你能红五年，谁也没有可能说你会不败，你会不老，你会不糊涂。解决你不败、不老、不糊涂的唯一办法，就是相信年轻人！因为相信他们，就是相信未来。

所以说，如果我们想让企业基业长青，那就必须在培养年轻领导人才上，持续不断地投入更多的资源，方能成功。

一、系统实施接班人计划

很多企业之所以在临近执行接班时陷入后继无人的困境，或者因为接班人选的问题呈现胶着状态，又或者在权力过渡期矛盾加剧、内耗严重，就是因为没有系统设计好接班人计划。一旦企业的核心人物突然发生变动，而接班人未能及时补位时，往往会导致企业陷入权力真空期，引发动荡，包括企业内乱、竞争对手的突袭、股市的过敏反应等。

日本是全世界拥有百年企业最多的国家，其最大的信用调查公司帝国数据库发布数据称，截止到 2019 年 8 月，日本百年以上的企业有 34944 家，其中千年以上的企业有 7 家。这些企业在培养接班人时有一个共同点：在孩子少年时期就开始对其进行培养。比如，日本食品企业铃广集团现任社长铃木博晶，父母在其很小的时候就经常带他品尝各种美食，让他熟悉并分辨其中的差异，现在他也仿照父母的做法培养自己的孩子。

对于非家族企业来说，及早布局接班人计划同样重要，因为接班人的养成需要不断地推进。接班人要传承的不仅仅是企业的产业规模和家族财富，更包括企业的使命、愿景和价值观。这些看不见摸不到却无处不在的企业文化才是企业最核心的财富和资源，也是企业后续发展的力量源泉。可以说，接班人计划是一个系统的工程，越早开始越好。

而对于没有提前布局接班人计划的企业来说，迟做总比不做好。提前布局接班人计划，可以有效达到三个目的：一是预防企业领导者遭遇不测时企业无主陷入“权力真空期”的混乱；二是使董事会有足够的时间发掘、评估、锻炼候选人，并验证选择的接班人是否具备真正的实力，提高接班人选的准确性；三是为实现顺利交班提供一个长期的过渡，避免因为突然换人引发种种动荡的局面。

二、突破传统思维局限

很多家族企业受传统观念的影响，认为接班人就应当“传内不传外”，一定要在家族内部寻找接班人。还有的企业家认为，企业一定要传承给行业内的专业人士，才有可能将企业延续下去。其实，这些都是由于自身立场问题而产生的偏见。

给接班人的选择范围设限，等于自动放弃了从外部挖掘人才的可能。在一个村落里寻找最高的大树和在世界范围内寻找到的大树，最终的结果是截然不同的。那种认为应当“传内不传外”的企业，说明这些企业家只是为了自己家庭的利益，而不是为了企业的长远发展。

日本家族企业能够顺利传承，有一个很重要的原因，就是对接班人的选择不拘一格。在日本，养子文化盛行，如果某个企业的创始人没有儿子，或者儿子没有能力接班时，企业掌门人一般有两种选择接班人的方式：一是在家族外部物色一名能力比较突出的男子，招赘为女婿，称为“婿养子”；二是在家族企业中挑选能力出色的高层经理，收养其为养子。家族企业最后会由养子或者女婿继承，但前提是他们需要将其原有姓氏更改为新家族的姓氏。比如，日本松下电器创始人松下幸之助的接班人松下正治（原名平田正治）就是其女婿养子，丰田汽车的现任掌门人丰田利三郎

（原名小山利三郎）也正是丰田创始人丰田佐吉的女婿养子。

由此可见，日本在家族企业传承方面，更重视任人唯贤。方太集团创始人茅理翔也不赞成传统的“传男不传女”“立长不立贤”的传承方式，在一篇谈家族传承的文章里，他提道：“时代变了，观念也应该有改变，应该是谁优秀、谁适合，就把家业传给谁。”

在选择接班人时，企业领袖不能感情用事或者固守传统，而是要突破思维局限：家族内人士，无力胜任和无心胜任，都不要勉强；要开阔自己的心胸和眼界，敢于任用非家族人士。用更开阔的视野在更广阔的空间里寻找接班人，也许会取得出人意料的效果。

除了养子或者女婿接班之外，聘任职业经理人也是很多企业的选择。

IBM 公司是由托马斯·沃森于 1911 年创办的国际商业机器公司，业务遍及全球，被称为计算机领域内的“蓝色巨人”。IBM 创始人老托马斯·沃森的儿子小沃森，生性风流，整日游手好闲。老沃森将儿子送入 IBM 销售学校，两年之后，老沃森将儿子下放到 IBM 基层，从推销员开始做起。基层的历练使小沃森发生了翻天覆地的变化，几年之后，老沃森放心地把公司交到小沃森手中。小沃森在退休之时并没有选择自己的儿子接班，而是将企业交给了职业经理人里尔森管理。

IBM 企业传承接班没有将视线局限在家族内，而是根据自身规划将选拔范围扩展到相关行业，通过聘任职业经理人的方式来延续企业的发展。IBM 之所以这么多年能够长盛不衰，与其企业传承制度有着密不可分的关系。

茅理翔曾说：“当一个企业做大做强后，职业经理人的引入是必然的，没有任何一个企业家能够解决和预见所有的问题与危机。经理人能帮助企业走向更远更高的地方。”我国不少企业也已经开始采用聘任职业经理人的方式来促进企业的良性发展，比如美的现任董事长方洪波就是从职业经理人成长起来的接班人，我们在后面会详细剖析他的职业成长历程。

三、契合企业发展战略

企业家在退休之际，最担心的问题，大概就是自己曾经苦心经营的企业，是否能够持续经营下去。而他们之所以有这样的担心，并不是担心接班人的能力，而是担心接班人在接班之后，会擅自更改企业战略，最后导致企业走向绝路。所以，企业在培养接班人计划时，除了考虑接班人各种综合能力，更应考虑接班人的价值观是否与企业的战略相结合。也就是说，企业要根据自身的战略需要，构建接班人的培养框架。

第一，“做对事”才能“找对人”。

俗话说：“一个萝卜一个坑。”在企业如何选择接班人方面，管理咨询大师拉姆·查兰也曾提出了要“量坑找萝卜”的观点。也就是说，要先摸清公司的实际需要，再根据需要去寻找合适的CEO。因为在拉姆·查兰看来，“做对事”才能“找对人”。

从20世纪80年代中后期开始，IBM业绩不断下滑，由盈转亏，年亏损将近50亿美元。曾经盛极一时的IBM由盛而衰，时任IBM董事长兼CEO的埃克斯被迫下台，群龙无首的IBM深处水深火热之中。董事会开始为公司寻找接班人，整个行业都认为IBM接下来要寻找的接班人，最有可能是技术出身。然而，IBM董事会并没有着急去确定接班的人选，而是用了一个月的时间到世界各地采访专家和客户，通过访谈发现，IBM的问题出在商业模式上，而非技术上。最终，董事会得出 IBM 需要的 CEO 要具有商业头脑，同时还要以客户需求为导向的人物画像。于是，董事会根据这一接班人需求，明确了几个接班人选，并最终锁定了在烟草公司工作的郭士纳。结果，郭士纳上台后，展现出他超人的领导能力，经过大刀阔斧的改革，最终帮助 IBM 走出了困境。

从 IBM 寻找接班人的这个案例中，我们发现，并非某个人有能力就可以当选为接班人，还要看其能力是否与企业的实际需求相匹配。IBM 在公司最困难的时候，并没有急着找人解决燃眉之急，而是在分析了公司的具体需求后，再有针对性地寻找合适的人选。

企业的战略方向决定了企业需要什么样的接班人。如果只是基于目前的需求寻找接班人，那么企业在未来变幻莫测的商业环境中只能被动挨打。

企业的接班人计划一定要与企业的战略方向相一致，即根据企业的下一阶段发展方向确定未来接班人的选择标准。那么，这就需要董事会参与其中。诺埃尔·蒂奇说：董事会要与管理层积极探讨公司的战略方向，为未来接班人画像，设定接班人胜任力模型；同时，CEO 与首席人力资源官还需就企业未来领导者的能力需求，每年至少讨论一次，并以企业的实际景况为依据，及时更新 CEO 标准。

第二，不苛求完美接班人。

很多企业在挑选出几名候选人之后，在抉择阶段却难以敲定最终人选，因为这批候选者或多或少都有着这样那样的短板，比如财经类出身的 CEO 在人事管理方面缺乏技巧，技术类出身的 CEO 在财务管理方面又欠缺经验。

这时，最应该做的不是重新寻找完美接班人，而是学着接纳，接纳候选者的不完美。允许短板的存在，并非向现实妥协，而是在寻找最合适接班人道路上的一个必要决定。为接班人配备可以弥补其短板的搭档，依旧能够帮助企业获得巨大的成功。

1997 年，苹果前 CEO 詹姆斯·麦克鲁尼在与乔布斯共事三个月后，因不堪压力选择离职。此后，乔布斯开始从内部和外部寻找合适的接班人，然而一直未果，直到蒂姆·库克的加入。乔布斯说："蒂姆·库克是我迄今招来的最好的员工。在库克加入苹果以后，我们从根本上改变了 PC 业务的供应流程。除去彻底优化苹果的供应链，库克还领导公司进军新市场。"

与乔布斯的暴躁易怒不同，库克为人彬彬有礼，遇事沉着冷静，是个控制局面的上好人选。

虽然外界一直不看好库克，2012 年，库克上任后推出的第一款产品 iphone5 被群嘲；2019 年，库克举行 iPhone11Pro 的新机发布会，但外观、性能、配置等同样遭到群嘲，尤其是被调侃为"浴霸"的后置三块摄像头、难看的"齐刘海"设计，等等。

虽然在颠覆和创新方面，库克并未将乔布斯的精神发扬光大，但库克却是一个很好的传承者和执行者。

库克是供应链出身，曾在 IBM 工作长达 12 年，负责 PC 北美、拉美的制造和分销。在加盟评估之前，还曾在康柏短暂工作过 6 个月，负责材料采购和产品库存管理。在乔布斯去世后，库克正式接任苹果，他传承并执行了乔布斯创造的 iOS 和 iPhone+ 的模式，将苹果公司带到万亿市值规模。

很少有人能达到乔布斯、任正非这样的境界和高度，这些开山立派的大人物，他们的经历和思想难以复制，更难以超越。所以，我们不如理解好创始人的思想，掌握商业的本质，拥有接管公司的核心能力，将传承和执行做到极致，也不失为一种成功。

完美的接班人可遇而不可求，在考虑接班人时不妨转换思维，想一想企业的未来是什么，对企业的期待是什么，然后想一想要达到这样的期待，企业需要什么样的领导者。

四、既要相马，也要赛马

从众多人才中发现有潜力的接班人，这是“相马”的过程。而要从中选择出最终由谁来接班，这就需要采用“赛马”的方式。

韩愈曾说：“世有伯乐，然后有千里马。千里马常有，而伯乐不常有。”伯乐发现人才，需要有一双慧眼，因为有很多人很善于伪装自己。

发掘可用之才需要相马，但相马常常是基于过往经验，带有很强的主观性和片面性。比如在三国时期，刘备因为诸葛亮贤名远播而三顾茅庐，但是看到庞统相貌丑陋时，却只让他做了一个小县令，直至后来庞统做出一番功绩后，刘备才知道自己有眼不识泰山，小看了这位“凤雏”。

千里马常有，但伯乐难逢。采用赛马的方式可以很大程度上弥补相马方式的局限性。赛马更注重对绩效的考核，通过公平、公开竞争的方式对考察对象的实绩进行客观评判。

培养接班人，首先要建立人才加速储备库，作为企业未来管理人才的来源；其次要建立人才评审委员会，由他们共同决定由谁来进入人才加速储备库；此外还系统化地发掘高潜质人才，将其放置在多种环境中帮助其潜力的发掘，并依据其潜力及时调整其工作内容等。

GE（通用电气公司）就是将有潜力的接班候选人放到各种复杂的环境中去历练，最终凭借他们各自的表现来决定谁是最终的接班人。

第五节 认同才能共进

在本书的第一章中，我们已经提到企业的生命周期有四个阶段：创业期、成长期、成熟期和持续发展期（或衰落期）。当企业处于衰落期或者停滞不前时，接班人在原有基础上进行大刀阔斧的变革，会使企业再次实现腾飞。这样的接班人我们可以称之为“复兴人才”，在他们身上，有着许多共同的能力和素质。

宋志平、稻盛和夫、宁高宁、马蔚华，是身经百战的出色企业家，兼顾数家企业，依然能够游刃有余；阿里巴巴接班人张勇、美的接班人方洪波、方太接班人茅忠群、联想接班人宁旻、李蓬都是从企业内部成长起来的接班人，已经顺利完成了接班；碧桂园接班人杨惠妍、福耀玻璃接班人曹晖、新希望接班人刘畅都是家族企业的接班人，由父辈“扶上马，送一程”完成了企业的传承。

国际人力资源专家威廉·罗斯维尔说：“继任是指确保组织里的每一个层级都拥有可延续的领导力。而‘延续性’意味着需要让人们做好准备，具备帮助企业持续发展的素质。”

那么，在这些优秀接班人身上，有着哪些可以帮助企业持续发展的共同素质呢？

一、自我认同

稻盛和夫说：“一个细心而敏锐的人在积累了丰富的实践经验，并产生了真正的勇气之后，才算一个真正的人才。”一个人事业成功的关键就是对所做的事持有热情，而热情的基础在于自我认同。

自我认同是美国心理学者埃里克森提出的一个概念，也可称为“自我同一性”，它是我们人生发展中的一个根本任务。通过一系列环环相扣的问题，如“我是谁”“我有哪些优点”等，我们可以最终解除内心的疑惑，知道自己是一个什么样的人，想要成为一个什么样的人，自己的价值观的底线是什么，以及如何平衡社会期待与自身意愿之间的关系等。自我认同主要体现在以下两个方面。

第一，志存高远。

王阳明曰：“志不立，天下无可成之事，虽百工技艺，未有不本于志者。”意思是说，一个人不立志，终将一事无成；即便是学习工匠技能，也没有不以志向为基础的。人无志不立，志向决定了一个人所努力的方向和所能达到的高度，也决定了他事业的格局。所以，想要成为一名合格的接班人，一定要志存高远。

第二，能力出众。

方洪波之所以能够接班美的，与他出色的管理能力密不可分。在接班之后，在“去中心化、去权威化、去科层化”的核心理念下，他对组织进行了一场雷厉风行的改革。之后对企业文化进行再造，重新梳理企业战略，贯彻现代企业制度，带领企业进行转型。

宋志平在央企工作了整整40年，从一个普通的车间技术员一直做到央企掌门人。在他执掌央企的十多年中，他数次扭转乾坤，将濒临破产的企业重新盘活，并改造成全球领军者。他被称为“双料董事长”，因为他将中国建材集团和国药集团两家企业带入世界500强。对此，国资委对宋志平的能力和水平给予高度认可：“宋志平同志思想政治素质好，政策理论水平高；企业管理经验丰富，战略决策和驾驭全局能力强；开拓创新意识强，事业心和责任感强；视野开阔，勤思善学；讲大局，重团结，在广大干部职工中有着很高的威望。”

二、团队认同

我们先来看几个案例：

马蔚华是招商银行原总行行长，被誉为“中国最具创新意识的银行家”。自出任招商银行行长开始，他就充当了“改革急先锋”的角色，先是推出零售王牌“一卡通”，后来又推出网上银行，之后又推出掌上银行，这在全国是首例。正是在马蔚华的带领下，招商银行才一步步发展壮大。

马云卸任时在公开信中表示：“在担任CEO的3年多中，张勇以卓越的商业才华、坚定沉着的领导力、超级计算机一般的逻辑和思考能力，带领阿里取得了长远发展，连续13个季度实现阿里巴巴业绩健康持续增长，已经证明自己是中国最出色的CEO。”马云称赞张勇是杰出的商业领袖。

2009年，张勇接手淘宝商城，当时淘宝商城困难重重，张勇创造了“双十一”购物节，重新设计淘宝的商业模式，将阿里巴巴的业务从“桌面”转到“移动化”，手机淘宝成为最大的移动电商平台。

茅忠群是其父亲茅理翔用九年时间培养出来的接班人，在这九年中，茅理翔主要培养他六大核心能力，其中包括企业领导、市场领导、应变、学习、创新和社交能力等。茅忠群也不负众望，带领团队研发出新款油烟机，并成功打入市场。基于产品的创新，新款油烟机在市场中深受欢迎，这也奠定了方太在高端厨电行业的地位。后来在激烈的市场竞争中，茅忠群全面分析战局，坚决不打价格战，并埋头研发新产品。这一举措让方太集团扭转了战局，产品销量迅速提升。茅忠群还不断改革企业文化，将本土文化与西式管理相结合。

上述三例中的马蔚华、张勇、茅忠群正是有着团队认同能力，才能带领团队不断改革创新，一次次挽救企业于危难。

德鲁克说：“领导能力是把握组织的使命及动员人们围绕这个使命奋斗的一种能力，而不是怎样做事的艺术，最后决定领导者的能力是个人的品质和个性。领导者是通过其所领导的员工的努力而成功的，领导者的基本任务是建立一个高度自觉的、高产出的工作团队。”

企业家是企业的灵魂，企业家的性格和气质影响着企业的命运。企业的发展依赖于企业家，然而仅仅靠一个人的力量是非常有限的。常言道：“一个好汉三个帮”。当企业家完成了最初的创业阶段之后，要树立企业发展壮大必须依靠团队力量的宗旨，才能得到团队认同，并进一步发挥团队的力量，推动事业迈向更高的发展阶段。

三、组织认同

陈春花教授曾经说过：“当企业进入持续发展阶段，在战略上，企业所要面对的是文化价值认同和理念认同的问题，这个时期的企业最重要的是领导团队的打造，而非一人领导。因为当企业发展到这个阶段，任何一个人都已经没有能力独自承担如此大的责任，最关键的是保证企业的决策是谨慎的决策。”

在企业持续发展阶段，要保证做出的决策是谨慎的决策，那么企业就不应再是一个人领导的格局，而是由董事会共同领导的格局。这时文化认同和理念认同是企业必须要面对的战略问题，其实也就是组织认同的根本性问题。

组织认同一般是指组织成员在行为与观念诸多方面与其所加入的组织具有一致性，觉得自己在组织中既有理性的契约和责任感，也有非理性的归属和依赖感，以及在这种心理基础上表现出的对组织活动尽心尽力的行为结果。

很多企业家之所以让企二代早早接触公司业务，就是为了增强他们对组织的认同感。

四、社会认同

比尔·盖茨说：“在人的本性中，蕴含着两个巨大的力量，一是自立，一个是关爱他人。”一个企业也应如此，先自立，后关爱社会。企业是经济的主体，也是社会的重要组成部分。因此，企业在追求利润的同时，也要承担应有的社会责任。

纵观世界，那些能够延续百年、基业长青的企业，往往都有着强烈的社会责任感。在经济全球化的今天，社会责任是全社会对企业的期望，也是企业能够赢得社会认同的基础。

社会认同的概念最早由英国社会心理学家泰弗尔和美国社会学家特纳提出，是一种集体概念，指的是社会成员拥有着共同的信仰、价值观和行动取向。社会认同能够增强人的归属感，产生巨大的影响力。

领导者要带领企业走向更好的未来，就必须创造更多价值，为社会的发展做出贡献。社会认同主要体现在履行社会责任和使命两方面。

21 世纪领导者应当具备九个主要特征，如图 2–2 所示：

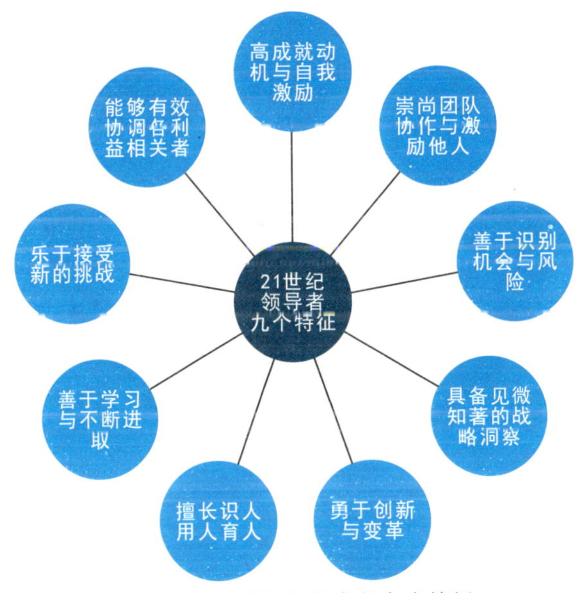

图2–2 21世纪领导者的九个特征

仔细研究和分析上图，我们可以看到，拉姆·查兰认为 21 世纪的领导者应当具备的九个特征，其实是有三个不同的维度来进行构建的：一是自我学习与突破的维度，二是团队协作与优势互补的维度，三是组织生态与业务可持续发展的维度。

这是拉姆·查兰所描绘的21世纪领导者的特征。但在作者看来，这个模型还是存在一定的缺陷，拉姆·查兰仅仅是站在组织的层面来考量，而忽视了企业领导者的社会属性，也就是为社会或者人类的发展贡献自己的力量。真正的企业领导者应该在自我认同、团队认同、组织认同和社会认同这四个维度上发力。不但要实现企业的可持续发展还要为推动人类社会的发展做出贡献。基于此，作者创造性地构建了传承领导系统模型，如图2–3所示：

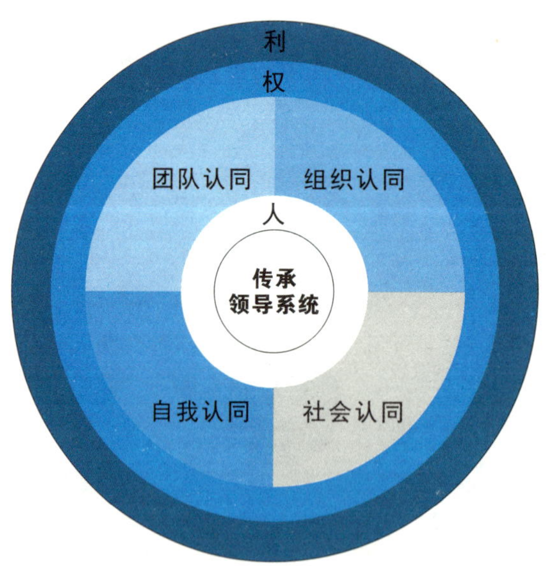

图2–3　传承领导系统模型

第二部分

培养篇

创业者在经历了千辛万苦之后，终于缔造了属于自己的商业帝国。然而，作为创业者，总会有老去的那一天，总会有放下万缘的那一刻。这个时候，自己辛苦打下的基业，又将何去何从？很显然，必须在自己退下来之前，把它顺利地交到一个可靠的接班人手里，才能确保这份基业长青、永续经营。因此，寻找接班人，培养接班人，便成为创一代或者跨代掌舵者的战略优先项。

在物色接班人的方式上，有的企业倾向于从外部寻找，比如惠普、友邦、民生银行等，有的企业则倾向于从内部选拔，比如3M、百事可乐、温氏股份等。不管是从外部寻找，还是从内部培养，任何一个能够胜任的、并推动事业进一步发展的继任者，都必须同时获得四个认同，分别是：自我认同、团队认同、组织认同、社会认同。

第三章　自我认同

在古代，修身是齐家、治国、平天下的根本。而在今天，修身既是治家的根本，也是治企的根本。而修身的过程，实际上是一个不断认识自己，重塑自己，并最终达到社会认同的过程。老子说："知人者智，自知者明；胜人者有力，自胜者强。"可见，作为一个企业的领导人和决策者，知人、胜人固然很重要，但知己、自胜更重要。而且，只有达到"自知"和"自胜"的人，才是真正的强者，才是真正胸怀使命，肩负担当的人杰。

所以，一个合格的接班人，首先要做到自我认同。所谓自我认同更多的是指，作为主体的自我在多个领域中寻求自我意义的过程和结果。个体自我认同的方向在很大程度上受到外在情境的影响。如果个体在即时情境中接收到积极的自我信息，那么会使他当下的自我认同感出现提升的状态，继而呈现出对自我价值的肯定和明确的方向感，甚至产生当下的自豪感，我们将这种情况称为自我认同提升。

而对于接班人来讲，通过回望过去，唤醒内在的使命感，激发探索拼搏的雄心，以及塑造正确的价值观。通过对自己的价值取向、决策风格、自身优势的充分了解，形成自己的破局之道；通过展望未来，砥砺前行，将自己的愿望融合进企业的愿景之中，齐头并进，奋斗不休。如图 3-1 所示：

图3-1 传承领导系统模型

第一节 极高明而道中庸

企业的掌舵者既是组织的灵魂，也是团队的核心，影响着组织的运作和发展，肩负着组织的使命。而作为接班人，要想完成组织的使命，并保持团队的凝聚力与竞争力，必须拥有强大的人格魅力，这种魅力是由内及外散发出来的影响力，也就是《周易》中所说的“君子黄中通理，正位居体，美在其中，而畅于四支，发于事业，美之至也”。因此，要想让自己成为一个合格的接班人，首先要让自己成为一个合格的君子，拥有完美的人格。而完美的人格，源于中庸之道。

一、中庸即是明道

作为组织的灵魂人物，领导者责任重大，承受的压力可想而知。除此之外，领导者还要忍受压力与动力的冲突、欲望和理性的博弈。

作为一个企业的领导者，抗压能力源于一种力的平衡。这种力的平衡，实际上就是我们平常所说的中庸之道。

何谓中庸？

程颐先生的定义是："不偏之谓中，不易之谓庸。中者，天下之正道；庸者，天下之定理。"

朱熹先生的定义是："中庸者，不偏不倚，无过不及，而平常之理，乃天命所当然，精微之极致也。"

从两位先贤对中庸的定义来看，我们便不难看出，所谓的中庸，实际上就是一种灵活而恰到好处的处世态度，不走极端，不唱高调，不偏不倚，折中调和。具体来说，主要包含以下三个层面的含义。

第一，职场即是道场。

《中庸》开篇说："天命之谓性，率性之谓道，修道之谓教。"对于这几句话，各家解释都不太一样，但如果是直指人心的解读，那就是每个人都要认识自己的秉性，然后通过修行，对天下进行教化，这就是我们人生的目标。而作为接班人，也应该以这个为目标，以职场为道场。不管外在的环境怎么改变，都不忘初心，不偏离自己的人生方向。

第二，中道是最高的准则。

《论语》中有一段子贡和孔子的对话。子贡问孔子："子张与子夏哪个更贤德？”孔子回答说：“子张做得过头了，子夏做得还不够。”子贡接着问：“照这样说，是不是子张更贤德？”孔子回答：“过犹不及。”意思是说，做得过头与做得不够是一样的。

而孔子之所以强调中庸，就是强调做事要重视度的把握，处理事情要不偏不倚，恰到好处，不走极端。可以说，中庸是一种处世的明智态度，有利于处理各种复杂的人际关系和矛盾冲突。

第三，通过内观保持平和心态。

《中庸》说：“喜、怒、哀、乐之未发，谓之中。发而皆中节，谓之和。中也者，天下之大本也。和也者，天下之达道也。”意思是说，人要懂得控制自己的感情，不能肆意放纵喜怒哀乐的情绪，要保持平和的心态，这样才能有益于身心健康。

在现今时代，各种信息的不断冲击打破了各领域的平衡，因此一些接班人，在刚刚接手的时候，往往会发现自己身处一团乱麻之中。这个时候，只有懂得中庸之道的领导者，才能在各种关系的交织中寻找到解决之道。其实，对于职场中的一些矛盾，往往都是一种假象，所以接班人并非要在非此即彼中反复斟酌纠结，而是要创造出更好的答案，寻求最佳的平衡。

在中国历史上，曾经流传着一个“六尺巷”的故事。这个故事发生在安徽桐城。当事人双方，一个是权势显赫的张家，一个是家财万贯、富甲一方的吴家。

张家出了张英、张廷玉父子两位宰相。张英是康熙朝的进士，在朝廷当文华殿大学士，官至礼部尚书。当时，张英在桐城的老宅与吴家为邻，两家府邸之间有个空地，供双方来往交通使用。后来，吴家重新建房时，要占用这个通道，张家不同意，双方争执不下，最后竟然打起了官司。官司打到县衙门后，张家人心想，凭张家朝中有人，还怕打不赢这场官司？吴家人心想，有钱能使鬼推磨，你张家虽然有人在朝中当大官，但天高皇帝远，管不了这么多。而县衙由于考虑到当事人双方一个官位显赫，另一个是名门望族，所以不敢轻易做出判决。

在这期间，张家人给在朝中当宰相的张英写了一封信，要求张英出面干预此事。张英收到信件后，觉得邻里之间应该相互礼让，于是便提笔给家里写了四句诗：

千里来书只为墙，让他三尺又何妨？

万里长城今犹在，不见当年秦始皇。

家人阅罢张英的来信，明白其中意思，于是便主动把衙门的官司给撤了，然后让出那三尺空地。吴家见状，深受感动，不但主动让出那三尺空地，而且还专门从自己原来的房基中再让出三尺。这样一来，原来的三尺空地一下子就形成了一条六尺的巷子。而张家和吴家之间的相互礼让故事，也在当地传为美谈。

其实，对于张英写给家人的这四句诗，如果从文学的角度去看，应该说算不上什么名作；尤其是拿秦始皇修建长城来做比喻，也未必恰当。但是，这首诗能够流传至今，恰恰是因为张英这种谦让的美德。

其实，张英在这次纠纷中所让出来的，又何止是三尺的空地呢？那是人们一直以来所提倡的美德呀！

布袋和尚曾有诗云：“手把青秧插满田，低头便见水中天。心地清净方为道，退步原来是向前。”所以，很多时候，学会退步，我们就会发现，人生的路，其实很宽，也很长！

我自己也因为好与人一争高下的原因，在职场中也没有少吃苦头。直到后来加入 BLU 公司后，在美国接受入职培训时，公司老板对我说的一句话：“作为一个领导者，要懂得尊重与妥协。”时至今日，这句话还一直深深地影响着我。

每一个企业的管理者或者领导者，都希望通过自我重塑跃迁到更高的境界。究竟如何才能做到呢？东方文化偏重道，西方文化则偏重术，这就好比中西的比较风格。各有侧重，各有奇妙之处。要做成事情，还是需要一些套路的。

前些天和一位企业负责研发的高管交流，一直以来都有一个难题困扰着他。他所负责的研发部门，不断有创新和新产品推出，但就是很难说服生产部门和市场部门去加速新产品的上市速度。经过充分交流后得知，市场部更乐意推广现有消费者反馈好的产品、生产部也更乐意生产成熟的产品。因为他们都知道，生产新产品和推广新产品对他们的业绩是有很大的影响的。新产品前期的不稳定性是难以控制的。后来我给了他一剂良方。首先，力促他改变自己的认知，使他认识到协同作战的魅力，“独占鳌头”带来嫉妒的排斥。其次，与其他部门建立常态化的协作关系，彼此走进各自的格子间，打破部门的墙从部门的领导者开始，让他再次验证了团结就是力量的真理。最后，研发部门也可以去市场调研，而不是坐在研发中心“闭门造车”。其他部门有其他部门的优先项，在工作职责上突破一下边界是没有任何问题的。西方的学者把它归纳成工作重塑模型，如图 3–2 所示。

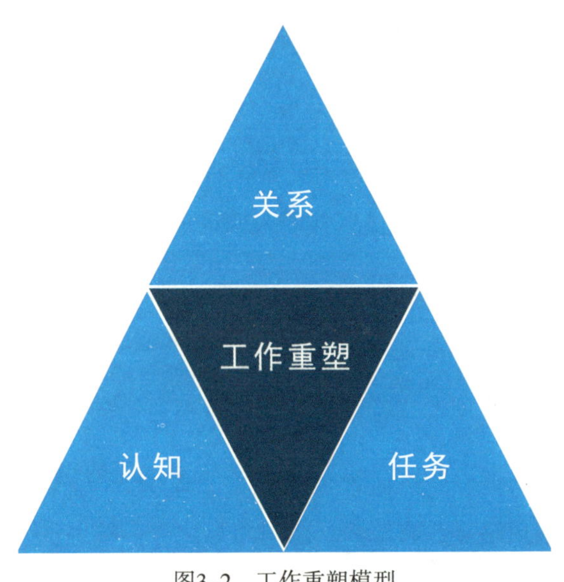

图3–2　工作重塑模型

常言道：关系到位了一切都好办。在工作场合中，突破自己的认知边界、建立与其他部门的战略合作工作关系，“天将降大任于斯人也”。

二、在磨炼中修炼自我

当我们看到别人获得成功时，往往会忽略其背后漫长、艰难的成长历程，以为只要掌握成功的方法，便能像乘坐电梯一样，很快就到达目的地。然而，真正的人生更像是一场攀岩的过程，要到达山顶，必须沿着陡峭的岩壁一步一步往上攀爬，没有捷径可言。对于攀岩者来说，虽然每一步都无法直接将他们送往山顶，但每一步都至关重要。

攀岩是人生中真正的状态，正如孟子所说：“天将降大任于斯人也，必先苦其心志，劳其筋骨，饿其体肤，空乏其身，行拂乱其所为，所以动心忍性，曾益其所不能。”一个人要成就一番事业，必要经历重重磨砺，在逆境中锻炼自己，在困难中进步和成长，最终才能具备相应的能力和心智。正如德鲁克所说："只有通过绝望，通过苦难，通过痛苦和无尽的磨炼，才能达至信仰。"

我们看那些有成就的人，几乎都是经历过逆境的人，稻盛和夫就是一个典型的例子。

稻盛和夫在他27岁时创办了京都陶瓷株式会社，被称为日本的"经营之圣"，然而他27岁之前的人生却充满了荆棘与坎坷。他出生于战争年代，少年时期罹患肺结核，高考时第一志愿被拒，最后被有机化学专业录取，虽然所学并非其心中所愿，但是他仍然非常刻苦地学习知识；毕业之后，由于当时经济萧条，再加上没有门路，所以找工作时屡次碰壁，最后不得不去了一家生产绝缘瓷瓶的工厂。

进去之后，他才发现这家工厂濒临倒闭，连工资都发不出，同事们相继离开，无助的稻盛和夫也曾想过辞职去谋一份新的工作，但是他还是咬牙坚持了下去。稻盛和夫在其著作《思维方式》一书中写道："老是哀叹，闷闷不乐不是办法。与其发牢骚，不如全身心投入到新型陶瓷的研究中去。"于是他把锅碗瓢盆搬进了实验室，反复做实验，还经常去图书馆查阅前沿论文，全心投入到对新型陶瓷的结构设计、生产工序的技术开发中。渐渐地，他喜欢上了这份工作，并逐渐迎来了人生的转机。

稻盛和夫说："人在被逼入绝境、痛苦挣扎时，仍然以真挚的态度处世待人，就能发挥出平时难以想象的巨大力量。"在他看来，工作中蕴含着一股强大的能量，当你全身心地投入其中时，它便能激活你的内在力量，让你变强大的同时帮助你实现人生抱负。

没有谁是天生的领导者，领导能力也并非生来就具备的，而是由个人在工作和生活经历中塑造而成的。这种经历会刻进你的生命中，促使你产生强烈的使命感，这也是很多企业家在培养接班人时会让他们从基层做起的原因。

“玉不琢，不成器”，只有经历过打磨，才能将一方顽石变成精美的璞玉。人也是一样，只有经历过磨炼，才能修炼出自己的能力，成为栋梁之材。而打磨自己的前提是要认清自己，接纳自己，之后才能重塑自己，最终成就自己。

在业务生态快速变革的时代，企业要想获得持续发展，必须勇于变革，持续创新。这就需要领导者平时稳得住，关键时刻豁得出，有足够的担当与谋略，披荆斩棘，勇往直前，才能获得成功。而作为接班人，不管你的学历有多高，也不管你认为自己的能力有多强，切记不要眼高手低，从做好每一件细微之事并提炼出受用的经验和智慧，并保持谦卑的心态，不断学习，努力成长，才能在各种磨炼中完善自己的人格。

第二节　悟透本我

老子曰：“知人者智，自知者明。胜人者有力，自胜者强。”意思是说，能够做到了解别人，那是一种智慧；能够了解自己，认识自己，才是高明的。能够战胜别人，那是一种力量；能够战胜自己，超越自己，才是真正的强大。

在古希腊奥林匹斯山上的德尔菲神殿里，有一块石碑，上面写着“认识你自己”，这也是伟大的哲学家苏格拉底终生所探索的目标。

著名管理大师彼得·德鲁克说：“卓有成效的管理者，正在成为社会的一项极为重要的资源，能够成为卓有成效的管理者已经成了个人获取成功的主要标志。而卓有成效的基础在于管理者的自我管理。”

可以说，不管是我们的古圣先贤，还是西方的主流哲学，或者是现代的管理大师，都把“认识自己”作为一个重要的课题来研究。而接班人作为企业的主心骨，要想发展好企业，首先要管理好自己，而管理好自己的前提，就是认识自己。因为认识自己，是自我管理的前提，也是实现自我认同的第一步，更是成为领导者的关键。只有认清自己，才能找到自己的价值和使命。

那么，怎样才能做到认识自己呢？如果说了解别人需要对外部进行观察，那么认识自己就需要内观自己，只有不断向自己的内心探索，才能真正了解自己，并挖掘出自己内在的力量潜能，使自己不断强大，并赋能他人，带领团队开疆拓土，创造未来。

一、突破认知边界

心学大师王阳明先生曾写了这样一首诗：“人人自有定盘针，万化根源总在心。却笑从前颠倒见，枝枝叶叶外边寻。”王阳明的这首诗可以看作是他开悟后所作的偈子，前两句写悟后的感触，每个人心中都有一个指南针，这就是衡量是非的标准；万事万物的根本，往往总是由人的内心决定；后两句是回忆开悟前的状态，总是寻找和关注外在的那些无关紧要的小事情，只要想起以前自己的本末倒置，就觉得很可笑。

从王阳明的这首诗中，我们不难明白，决定我们对事物看法的，从来不是外来因素，而是自己的内心。所以，一个人只有认清自己，才能找到真正适合自己的位置。

第一，让头脑保持清醒。

不要在情绪不稳的时候做重大决策。史玉柱在创业成功后曾有一段膨胀期，“我开始高估自己的能力了，这就开始要犯错误了”。刚开始投项目时，他还是比较谨慎的，做调查、找研发、选择广告等。但随着前期投资项目的成功，他逐渐忘乎所以。在第三次投资时，他组织了三大战役，即确立了企业的三大主导产业：电脑、药品、保健品。然而，多元化经营需要大量的人力、物力和财力，而当时的巨人集团各方面都还跟不上。最后，仅仅一个月的时间，五千万元的广告费全部付诸东流。后来史玉柱总结这段经历时说：“成功之后更要正确认识自己。”

常言道：“自高必危，自满必溢。”所以，一个看不清自己的人，就会产生自负之心，而自负往往是失败的根源。

第二，让优势充分释放。

我们常常认为，领导者背负着众人的期许，就必须是个完美领导者。他们不但要有过人的智慧，高瞻远瞩，还要能运筹帷幄，解决各种复杂的问题。然而，正所谓“金无足赤，人无完人。”每个人身上都有优点和缺点，而我们要做的，就是找出自己的优点，认清自己的缺点，然后尽量扬长避短，不断发挥自己的优势，完善自己，突破自己，这样才能让自己越来越自信。

而很多人之所以经常怨天尤人，就是因为老盯着自己的缺点，却忽略了自己的优点，所以不断地否定自己，结果在困难面前失去面对的勇气，甚至在机会面前因怀疑自己的能力而与机会擦肩而过。

没有完美的领导者，只有具备优势的领导者。这是所有领导人都必须认清的一个事实。所以，我们要学会正视自己的缺点，肯定自己的优点，这样才能对自己有一个清醒的认识，并接受最真实的自己。

第三，让身段尽量低置。

惠普公司前高级副总裁德卜拉·邓恩说："当一个人能够认清自己的时候，他就能够与身边的人建立起更加真诚的关系。"

那么，怎样才能建立起良好的人际关系呢？这一点，孔子给了我们一个很好的开示："不患人之不己知，患不知人也。"意思是说，我们首先要了解自己，但不要指望别人也来了解我们，相反，我们要主动去了解别人，这样我们才能得到别人的了解。而当双方都相互了解之后，自然就建立起了良好的人际关系。而这种在相互了解、相互欣赏的基础上建立起来的人际关系，也往往是牢不可破的。

宝洁公司前任 CEO 德克·雅克是一个非常出色的战略家，工作能力相当出色。但由于他过于强势，与团队缺乏沟通，没有建立起良好的人际关系，所以他这个 CEO 只干了不到两年就被迫辞职了。而接任他的阿兰·雷富礼，曾在保洁工作多年，为人谦卑，处事温和，能够与自己的团队进行无碍沟通，所以赢得了大家的认可。后来，阿兰·雷富礼在获得了团队的支持后，对宝洁公司进行了一系列改革，最终将宝洁打造成家喻户晓的品牌。

第四，让团队效能放大。

接班人在刚刚接手企业的领导职位时，往往会对自己提出很高的要求，甚至会要求自己变得完美起来，但这实际上是给自己套上一个无形的枷锁。刚开始时，往往会凭着一股激情，顶住各种压力；但随着时间的推移，这种对自己要求完美的重压，往往会让自己不堪重负，身心俱疲。如果领导者能够认清自己的长处和短处，并寻找能与自己能力互补的人，组建团队，那么工作就会变得容易多了。

雷军在组建小米团队时，主要考虑就是团队成员间能力的互补性。只要看一下小米创业团队成员的背景资料，就能发现他们有着出色的工作能力和广泛的社会关系。他们彼此之间在能力上和思维上是互补的，雷军负责全面工作，其他六人分别负责研发、营销、公关、手机、电视和网络等板块的工作。具体来说，雷军是董事长兼任 CEO，在此之前曾任金山软件董事长、天使投资人；林斌是总裁，前 Google 中国工程研究院副院长；黎万强是副总裁，前金山设计总监、金山词霸总经理；周光平是副总裁，前摩托罗拉北京研发中心高级总监；刘德是副总裁，毕业于 Art Center College of Design（艺术中心设计学院），曾任北京科技大学工业设计系主任；黄江吉是副总裁，前微软中国工程院开发总监；洪峰是副总裁，前 Google 中国高级产品经理。

从小米的这个创业天团来看，我们就不难发现，雷军在用人方面的独到之处。也正是这种团队成员之间的互补，使得小米手机一上市，就显示出了王者的霸气。

二、寻找多元的“我”

每个人都是复杂多面的个体，拥有多个不同的“我”。只有寻找到多元的我，不断地调整自己，适应多变的社会环境，才能激活自己的无限潜能，最终找到自己的人生坐标。

卢卡斯艺术公司前CEO兰迪·科米萨，因为与创始人发生争执而离开了这家公司。也许是一种报复性的心理，他加入了与卢卡斯艺术公司是竞争关系的晶体动力公司。然而，他很快发现，他并不热爱这个工作。经过一番心理挣扎，他离开了晶体动力公司，然后加入一家风险投资公司，并很快喜欢上了这份工作，在工作中制定战略、建立关系、达成交易以及指导团队，能够激发起他的工作热情。

科米萨经过一段时间的反思之后，终于认清了自己，并找到了自己的人生方向。他后来总结这段经历时，曾经这样说："要学会面对现实，承认自己可能会失败，并且即便在失败后仍能保持良好的心态，这在认清自己的过程中是非常重要的一个转折点。"

一般情况下，我们每个人都有四种认知状态：一是不知道自己知道，二是知道自己不知道，三是不知道自己不知道，四是知道自己知道。如图3-3所示。

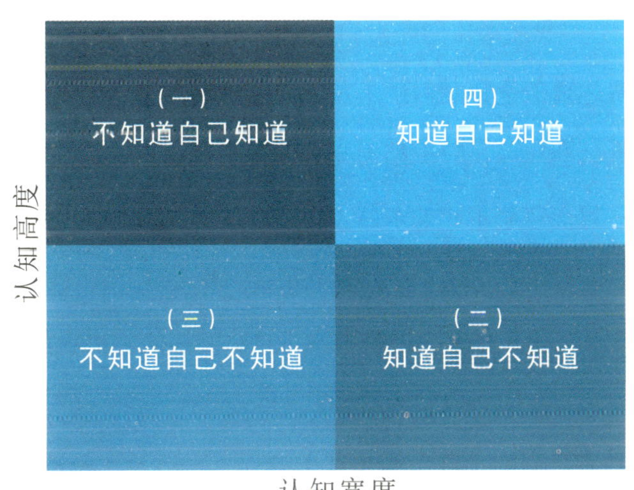

图3-3　四种认知状态

当一个人处于第三种认知状态时，往往意识不到自己的不足之处，容易陷入认知的盲区，并产生自大心理；当处于第一种状态时，由于意识不到自己的另一面，所以自己身上的潜能也容易被压制。

兵法有云：“知己知彼，百战不殆。”要取得胜利的第一步，首先就是认识你自己。管理大师德鲁克认为，经常思考五个问题，有助于我们更好地认清自己。

第一个问题：我的长处是什么？

德鲁克用回馈分析法来寻找自己的长处。回馈分析法就是在你准备做一件事情之前，记录下你对结果（效果）的期望，在事情完成之后，将实际的结果与你的预期进行比较，通过比较，你就会发现什么事情你可以做好，什么事情你做得不好。主要包括两点：一是在做事之前，认真思索你想达到的目标，并记录下来；二是事情完成之后，将实际结果与目标进行对比，分析出自己什么地方做得好，什么地方有所欠缺，这样就能找到自己的长处。

任正非说：“我在人生的路上自我感觉是什么呢？就是充分发挥自己的优势。我最主要的优势是对逻辑及方向的理解，远远深刻于对语言的修炼。我就放弃一些东西，集中精力充分发挥我的优点。我确实注重于重要东西的思维，可能忽略了小的东西。小的东西不等于不需要重视，但我确实没有注意。”从任正非的这段话中，我们不难发现，一个人只有知道自己的长处是什么，擅长什么，才能发挥出自己的长处，才能有所作为。

第二个问题：我的做事风格如何？

每个人都有自己的个性，而个性的差异，也会导致做事风格的差异。有的人做事天马行空，毫无章法；有的人则循规蹈矩，墨守成规。而一个人，可以通过自己做事的方式和风格，了解自己拥有什么样的个性。

第三个问题：我的学习方式是什么？

每个人都有适合自己的学习方式，所以我们应该找到最适合自己，可以让自己进步最快、效率最高的学习方式。作为企业的领导人，要想不落后于人，就必须保持学习的状态，而带着目的去学习，并制定一套适合自己的学习计划，往往可以达到事半功倍的效果。

第四个问题：我的价值观是什么？

价值观可以说是一个人的信仰，而一个人拥有什么样的信仰，也往往决定他会成为什么样的人。那么，如果知道自己的价值观是什么呢？德鲁克曾用镜子测试法探寻自己的价值观，即每天站在镜子前，对着镜子问自己："我希望从镜子里看到一个什么样的人？"然后用这个标准来要求自己。这样一来，很快就会对自己的价值观有一个清晰的了解了。

第五个问题：我属于何处？

德鲁克说："把握一下自己的职业生涯……我是指这种意义上的职业规划：我要学习什么？我的优势是什么？我如何发挥它们？我的归属在哪里？是在这家公司吗？一个人必须对自己负责，必须经常自问这些问题，而且还要根据回答行动起来……发展自己的优势，以便在需要的时候得以发挥。"

明白自己的优缺点，知道自己怎么才能更好地学习知识和技能，明白自己最终要成为什么样的人，思考自己的归属？到底做什么样的工作才能充分发挥自己的潜能，进而成为卓尔不群的领袖。以下这个模型可以很清楚地勾勒出自己的全景照，接下来请看来自日本的 Ikigai（日本词汇，直译过来为"存在的原因"。）模型，如图 3–4 所示。

图3-4 Ikigai 模型

这个模型的魅力就在于能够看透冰山下面的自己，也就是隐性的自己，建议读者在夜深人静、独处的时候依照上面这个模型和自己对话。

第三节 重塑自我

2008 年，一场源于美国的金融风暴迅速席卷全球，给世界经济带来强烈的冲击。无数企业在这场经济危机中，遭受到了难以预计的损失和创伤；甚至有一些优秀的企业永远倒下去，再也没有起来。

进入全球化智能时代后，不确定已成为常态，复杂多变的经济环境给企业带来了更大的危机和挑战。其实，危机本身并不可怕，可怕的是面对危机时的恐惧。因为恐惧如同硫酸一样，对理性有很强的腐蚀性，会让我们在危机面前彷徨无措、一筹莫展。

我的前任老板，BLU Products 的创始人在我刚刚加入公司的时候，就以一个创业失败过三次、满脸充满自信的老脸坚毅地告诉我：“Dani，keep moving”。此后，我始终把克服恐惧、勇于前行当做发展事业的信条之一。

、保持空杯心态，才能更新观念

要想成为一名合格的企业领导者，必须有着极强的学习力，如果骄傲自满，就会使自己裹足不前。而在新时代的经济浪潮中，如果我们手上拿着的是一张“旧船票”，那是很难驾驭新时代的管理之船的。

所谓的空杯心态，就是忘掉自己所学过的那些知识，以及曾经获得的成就，因为这些都已经代表过去；而未来，还有很多东西需要我们去学习，还有很多难题，需要我们去攻克。所以，我们必须时刻保持空杯心态，时刻清零，才能通过不断的学习，掌握新事物，了解新思想，学会新知识。

在这个世界上，虽然太阳每天升起，每天落下，不断地轮回，好像每天都是一样；但在这个世界上，每天都有不同的事情发生，每天都在变化。老子说：“孰能浊以静之徐清，孰能安以动之徐生。”万事万物，都是在不断的变化中生生不息的。而作为领导者，我们既要有让浑浊的水流停止流动，让其安静下来慢慢变得澄清的水平，又有让平静的水面生起波澜，焕发出勃勃生机的能力。那么，怎样才能达到这种水平和能力？就是保持空杯心态，不断提升自己的学习能力。

而不断提升自己的学习能力，实际上是一种敏捷学习能力。敏捷学习者拥有强烈的好奇心，能够不断地打破边界，尝试新事物，并向他人寻求反馈，在探索中调整自己应对新事物的能力。

在时代的变革中，只有保持空杯心态，做敏捷学习者，才能不断升级自己的操作系统，以积极的心态应对新挑战，解决新问题。

那么，如何判断自己是否拥有敏捷学习能力呢？我们需要经常询问自己几个问题：第一，是否愿意尝试新点子？第二，当老办法行不通时，是否能够迅速放弃，并尝试新办法？第三，是否愿意走出舒适区，去接受新的挑战？第四，是否愿意通过与他人辩论来发现新观点？第五，是否愿意主动与自己完全不一样的人工作，在压迫感中提升自己？

对于上述这些问题的答案，如果你的答案都是肯定的，那就说明你拥有敏捷的学习能力；如果答案大都是否定的，那你就需要反思一下，自己是否害怕什么，是否勇于面对自己的这种害怕，并尝试着去突破？

以下是一个学习选择倾向性图谱，读者可以做一个自我诊断，到底自己更加倾向于哪种方式的学习，如图 3-5 所示。

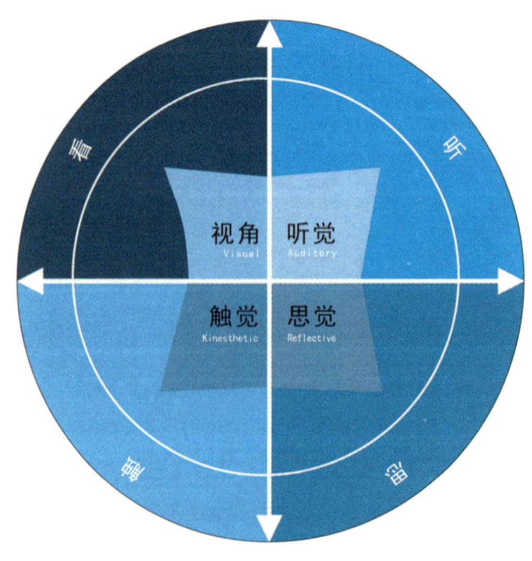

图3-5　学习选择倾向图谱

二、秉持工匠精神，将事情做到极致

重塑自我，需要找到自己真正想要做的事情。目标不需要是革命性的，但一定是你真正想做的，能够对你的生活带来意义，燃起对工作的热情和动力。

有些人把自我享受当作自己的目标，将工作当成维持生计或者用以飞黄腾达的工具。他们往往只管效率，不顾质量。而以利益为奋斗目标的人，是很难沉静下来为自己的未来做积淀的。所谓根基不牢，地动山摇，结果自然也就很难有所成就，也无法走出平庸的生活模式。甚至有些人在追求利益的过程中偏离了人生轨道，走上了不归之路，这是很可惜的。

其实，一个人最大的价值，不在于他赚到了多少钱，而是在于他为这个社会创造了多少效益。而这种社会效益的产生，则源于工匠精神。同时，当一个人拥有工匠精神时，那么他在工作的时候，就不会迷茫，而且还为在工作中不断创造满足感、成就感和喜悦感。那么，什么是工匠精神呢？很多人认为工匠精神就是对机械的手工劳动者的要求，这种说法当然也是对的，但实际上，工匠精神不仅适用于机械的手工劳动者，更适用于各行各业。所以，党的十九大报告明确指出，要“弘扬劳模精神和工匠精神，营造劳动光荣的社会风尚和精益求精的敬业风气”。

那么，工匠精神的标准是什么呢？或者说，要达到什么样的高度，才算是工匠精神？对于这一点，稻盛和夫给出了答案：“企业家要像工匠那样，手拿放大镜仔细观察产品，用耳朵静听产品的‘哭泣声’。”从稻盛和夫的这几句话中，我们可以看出，真正的“工匠精神”，就是把产品视为一个有生命的个体，然后再用心去体会这个生命体的喜怒哀乐。

在中国的企业界，有这样一个企业家，就是凭借着自己的人格魅力，不但在企业内部培养出了一批优秀的工匠人才，更是将自己的企业打造成了世界龙头企业。这个人就是格力电器的掌门人：董明珠。

据说，在董明珠掌舵下的格力电器公司，在技术研发上，从来不设门槛，需要多少就投入多少，让其成为了中国空调业技术投入费用最高的企业。目前，格力电器在国内外累计拥有专利超过 8000 项，其中发明专利 2000 多项，是中国空调行业中拥有专利技术最多的企业。也正是这种不计代价的投入，使格力电器上下一心，齐心协力，共同打造出格力人所独有工匠精神。

那么，在董明珠看来，工匠精神的核心是什么呢？格力又具有怎样的工匠精神？

董明珠是这样说："我觉得必须要有诚信。我们就是因为不诚信，所以做出来的一些东西消费者不认可。比如马桶盖，你说技术有多深奥，可能不见得。但你选择的材料、设计的理念，一定要以消费者想要的感受，作为设计的目标和标准，才会有更多人去买你的产品。格力的工匠精神，我认为就是做好每个细节，给消费者带去最满意的产品。再进一步，就是对自己的挑战，要不断给自己挑刺，找自己的麻烦，对产品要追求完美，甚至达到与消费者的无缝对接。一个人心胸有多大，就能做多大的事情，你心里装着什么，你就会做出什么样的事情。"

确实，对产品质量的严格把控，已深植于格力内部，而对质量的严格把控，则源于做好每个细节。

比如，格力电饭煲研发团队，在研发生活家电的过程中，为了追求米饭最佳口感，3 年内煮掉了约 4.5 吨大米；为了保障家电产品的性能，奔走全国各地去煮饭；为了适应不同地区的饮食文化，采用了多达 20 多种不同的大米做实验；分析研究不同米种在不同蒸煮温度下的营养成分和参数变化，得出的“升温曲线”多达 100 条。

再比如，格力光伏科研团队经过 10 个月的努力，在一次又一次失败后，仍然坚持不懈，突破了巨型电机的制造工艺，将离心机的机械工艺精度提升至 0.001 毫米。终于，在 2013 年 12 月，格力自主研发的光伏直驱离心机系统，被鉴定为“全球首创，国际领先”，该系统首先实现了光伏发电和大型中央空调的无缝融合，开启了中央空调“零能耗”时代。

我们坚信，以格力为代表的制造企业，将以坚持自主研发的核心科技，坚持精益求精的工匠精神，为“中国制造”做出更大的贡献。而秉持工匠精神，需要做到以下几点：

第一，脚踏实地，用心做事。

工匠精神的关键是专注、精益求精，它要求我们要用心做事，这是一种积极的人生态度，从内心深处将“要我做”转换为“我要做”，将每一项任务都当成一次自我的提升，甚至变成一次精神上的享受。

第二，热爱工作，倾听工作。

把工作当作有生命的有灵性的个体，去理解它，倾听它，热爱它。能够站在巅峰的人，都是由匠心在支撑。放眼社会各界的精英人士，大都是有着崇高追求的人。他们的所作所为，绝不是为了取得所谓的丰厚的报酬，他们之所以能够为此废寝忘食，并几十年如一日地做同一件事，就是因为他们对所做之事抱着一颗赤诚之心。唯有热爱，才能唤醒最强烈的渴望，激发内心最强的力量。

由著名导演大卫·贾柏拍摄的纪录片《寿司之神》中，有这样一句话："一旦选定你的职业，你必须全身心投入到工作中，你必须爱自己的工作，你必须毫无怨言，你必须穷尽一生磨炼技能，这就是成功的秘诀。"

所以，面对重复的工作，我们要明白这件工作的意义所在，这样我们就会收起满腹的牢骚，或者骄傲自满的心态，像打磨一件器具那样用心去做。请相信，在精益求精的加持下，最终你也能将自己打磨成一颗美玉。

第三，敬畏工作，认真钻研。

每一份工作，其实都是神圣的，所以对待所有的工作，我们都应该心存敬畏。只有敬畏每一份工作，我们才能够从工作中，真正有所收获；相反，如果我们对工作没有敬畏之心，就没有认真负责的态度，没有刻苦不断的精神，没有精益求精的执着，这样就很难在工作中有所突破。

第四，打磨个性，避免缺陷。

一些专业的研究结果表明，某些个性和行为往往会给高管带来问题，这些个性并不一定像行为能力、工作历练和组织知识可以直观地观测到。当选拔员工进入高阶主管时，非常有必要考虑员工的个性特征。个性特征包括个人的特质和性格，其中有些能帮助员工成功，有些则会令员工失败。

由此，我归纳出一个在自我认同阶段，帮助有强烈愿望去深度开发自己的领导潜力模型，如图 3-6 所示：

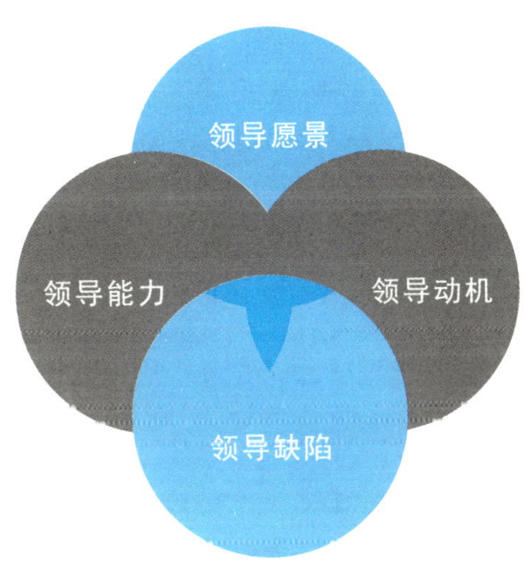

图3-6　领导潜力模型

古人有云："每日三省吾身"就是修正自身个性缺陷的良方。

第四节　打造领导品牌

品牌具有强大感召力。

美国著名管理学者托马斯·彼得斯说："21世纪的工作生存法则就是建立个人品牌。"所谓的个人品牌，就是指个人拥有的外在形象和内在涵养所传递的独特、鲜明、确定、易被感知的信息集合体。简而言之，就是某个人被相关者持有的较一致的印象或口碑。

《尚书大传·大战》中曰："爱人者，兼其屋上之乌；不爱人者，及其胥余。"意思是说，当人们喜欢一个人的时候，就会连他屋顶上的乌鸦也觉得可爱；相反，当人们讨厌一个人的时候，就连他村子里的墙壁都觉得厌恶。同样的道理，当公众对某个 CEO 有好感时，也会信赖他所领导的企业，以及该企业的产品和服务。比如，当人们提起王石，自然就会想起万科的房子不但品质有保障，而且物业管理十分专业，服务更是充满人性化。

所以，作为企业的领导者，我们要知道，自己的所作所为，甚至一举一动，都备受关注，不但会影响到整个团队的形象，而且会影响到舆论的风向，进而会影响到消费者群体的选择。

那么，个人的品牌为什么会有如此大的影响力呢？因为个人品牌的背后，就是信仰的支撑。也就是说，一个人的品牌，实际上是他内在信仰的外在流露，它会通过一个人的言行举止呈现在公众视野中，并在某种程度上决定了那个人是否被信任，以及他在成就上所能达到的高度。

那么，作为企业的领导者，如何打造出个人的品牌魅力呢？正如前面我们所说的那样，个人品牌的背后，是信仰的支撑。所以，我们首先要问自己，“我到底有没有信仰？”或者“我的信仰是什么？”在确定了这个根本之后，再确立自己的使命，让自己与使命同行。因为使命感是个人品牌核心价值的体现。

一、与使命感同行

所谓使命感，就是一个人对自我天生属性的寻找与实现。每个人天生就有属于并适合自己的角色，正如马克思所说：“作为确定的人，现实的人，你就有规定，就有使命，就有任务，至于你是否意识到这一点，那是无所谓的。这个任务是由于你的需要及其与现存世界的联系而产生的。”

可见，使命是我们对人生在世的高级诠释。比如，在我国古代，养家糊口就是一个男人的使命，如果将这个使命延伸的话，那就是齐家、治国、平天下。

对应到职业上，医生的使命就是救死扶伤，教师的使命就是教书育人，律师的使命就是维护社会的公平与正义。可以说，使命是我们灵魂深处的自我选择，非外力所能强加。而一个人的使命感是否强烈，也会决定他人生和事业的高度。

有一个新闻记者去某建筑工地采访时，看到三个工人正在忙碌，便上前去与他们进行交谈。

第一个工人说："我在砌墙。"第二个工人说："我在盖房子。"第三个工人说："我在为人们建筑家园。"

其实，这三个工人做的是同样的工作，但当记者问他们在做什么的时候，他们给出的答案却如此不同。记者觉得很有意思，便将自己与这三个工人的对话写成一篇新闻稿进行报道。

十年之后，那位记者偶然翻到了自己当年写的那篇报道时，突然很好奇，他很想知道十年前的那三个工人，现在到底发生了什么变化。于是，便通过各种途径，辗转找到了十年前的三个工人。此时，三个工人身份已经发生了很大的变化：第一个工人仍然在建筑工地打工，当然，他已经成为一名工头了；第二个工人则成了工程师，他正拿着设计图指挥工人做工；第三个工人则成了一家房地产公司的老板，眼前的这个工地，就是他新开发的项目。

也就是说，经过十年之后，当初的那三个工人，虽然还在一起工作，但身份却已经是天壤之别。

为什么会这样呢？其实原因就在于那三个工人不同的做事态度，也就是说，第一个工人基本没有使命感，任由命运的安排；第二个工人有一定使命感，只是不太强烈；第三个工人则有强烈的使命感——为人们建筑家园。而从这三个工人的经历中，我们可以得出这样的结论，那就是“使命感决定命运”！

为什么使命感能够决定我们的命运呢？因为使命感会让我们产生一种激情，这种激情会让我们藐视所有的困难，把不可能变成可能。而有激情的人，不管做什么事，他们首先想到的，并不是能赚多少钱，能买多大的房子，而是自己所做的这些事情，能够为公司创造多大的价值，为社会创造多大的效益，为国家做出多大的贡献，为人类谋得多大的福利。只要带着这样的心态去做事，就没有不成功的。

作为企业未来的接班人，必须赋予自己一种神圣的使命感。而使命感的来源，主要有两种：一是感恩之心，二是敬畏之心。当我们带着感恩之心和敬畏之心去做事情时，就没有任何困难能够阻挡我们的信心和决心，最终于让我们成就自我，实现自我价值。

强生公司人类行为研究所全球负责人罗因·基贝说：“如果没有个人使命感，你就做不到身心灵敏，聪明伶俐。你也需要问自己，对自己的生活而言，这份工作的意义是否足够重要？”所以，领导者必须想清楚，究竟什么才是真正想要的。

如果你没有清晰的使命，可以问自己几个问题：我要做什么样的人？我要什么样的未来？我对家人、社会、所在组织负有什么样的责任？我要怎样度过我的一生？

由于我们的认知和能力在不断地变化，使命也会随之转移或者提升。

许多企业家刚开始创业时，是为了生存；但解决了生存问题之后，他们心胸就会打开，将自己所做的事业，与社会效益相结合起来。

二、打造独特标签

确立了使命之后，那么接下来应该如何塑造自己的个人品牌呢？

第一，塑造与自己个性相吻合的形象。

在乔布斯的房间里，只有一张爱因斯坦的照片、一张床、一把椅子和一盏桌灯。极简极致，就是乔布斯的标签。

雷军每天的工作时间长达15~16个小时，经常熬到晚上12点才吃饭。他说："成功的路上没有捷径，唯有拼命工作，不断努力。"勤奋创新，就是雷军的标签。

董明珠升任格力经理时，由于公司积压了大批空调，有人提议降价处理，但董明珠一口拒绝："正常产品降价有损形象。"她选择将空调分摊卖给经销商。处事果断，雷厉风行，成了董明珠的标签。

乔布斯的极简极致、雷军的勤奋创新、董明珠的雷厉风行，这些特点是他们的先天条件，也是他们区别于其他企业家的标签。名实相符，就是标签；名实不副，则是卖人设，这种情况比较容易翻车。想打造成功的个人品牌，就要塑造与先天条件相适应的独特形象，打造个人化标签。

第二，打造个人IP。

IP只是一个网络中的一个点而已，人生而不同，在各自的人生轨迹上都有自己的点。要打造个人IP，有一个前提条件，就是必须足够优秀，先让自己成为所在领域内的专家，这样你才能输出相应的方法论和价值观，并赢得众人的追随和称赞。如果在自身垂直领域上不够优秀，没有给出刷新认知的结论，那么这个创始人是无法IP化的。毕竟人们愿意追随你、称赞你，首先是对你在垂直领域专业度的认同，而不是因为你的“哗众取宠”。

第三，巧用软实力。

常言道，硬的不行就来软的。这其实是告诉我们惯用的行事风格不奏效时，我们需要变通换一种方式才行。

软实力可以帮助领导者成为一个懂同事、懂下属、懂客户的“高情商”伙伴。

一个品牌的建立，需要经受住实践的检验和时间的打磨。在过去的几年中，经过实践反复运用和验证，我归纳的领导者品牌建设模型经过多次修改完善，收效颇佳，如图3–7所示。

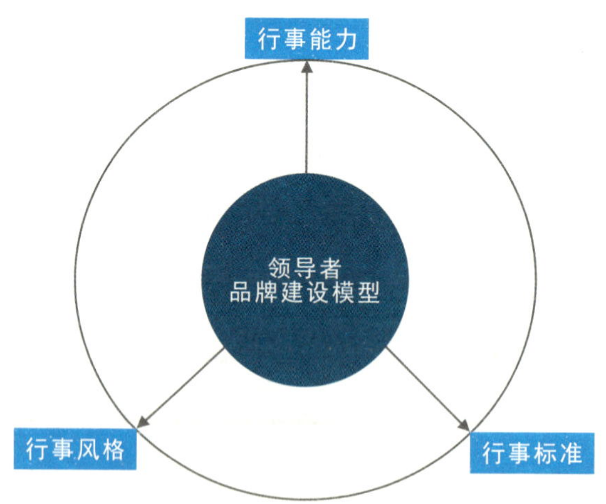

图3–7　领导者品牌建设模型

个人领导品牌的打造，并非一蹴而就，而是需要一个长期修炼的过程。可以说，打造个人领导品牌，从本质上看，是一个战略工程，需要用实力和信誉不断叠加，才能一步步建立和丰富起来。

第四章 团队认同

所谓的团队认同，强调的是员工对于自身所属团队的感知，或是团队成员进行自我定位的状态。从本质上看是团队中的员工基于团队身份感知的构建，是一个情境化、认知化、情感化的过程，更是每个团队成员都放下自我的成见，自觉融入团队的氛围中，并自觉维护团队的利益，将团队的目标视为自己目标的过程。

作为企业的领导者，应该如何加强员工的团队认同感？丹尼尔·科伊尔认为，最重要的是要给予员工足够的安全感，当一个员工觉得自己可以在这家公司做到退休时，他自然就会产生团队认同感，并带着热情投入到工作中，自发地与其他团队成员进行协作。

怎样才能让团队成员有足够的安全感呢？我个人认为企业的领导者需要从三个方面进行努力：一是杜绝说教式管理，认真聆听员工的诉求，主动与员工进行沟通；二是通过定期复盘，并给予发展性的反馈，破解团队协作障碍；三是明确组织方向，引导团队聚焦目标，群策群力，实现目标。

可以说，培养员工的团队认同感是企业领导者头等重要的任务，因为员工只能有了团队认同感，他们才会有归属感，才会为了团队奉献出自己的热血，这样的团队才有凝聚力和竞争力；相反，如果员工没有团队认同感，那就是一盘散沙，随时都会被洪水冲散。如图 4-1 所示：

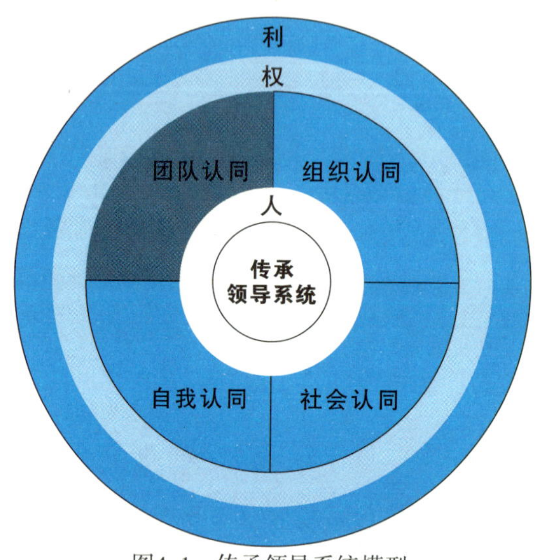

图4-1　传承领导系统模型

第一节　敢于亮剑，打造团队优势

要想在全球化的市场上长期发展下去，企业的领导者必须打造出精锐的团队；而要让企业做大做强，就必须让团队拥有核心竞争力。那么，团队的核心竞争力是如何打造出来的呢？任正非曾经说过："让听得见炮声的人来决策。"意思是说，任何一家企业，必须在"炮火"的洗礼中成长起来，才能拥有顽强的生命力。事实也是如此，很多优秀的企业，就是在激烈的市场竞争中越战越勇，最后才成为行业龙头的。比如格力电器，原本只是一家并不起眼的国有企业，而它的霸主地位，则是在朱江洪和董明珠的搭配下，在与竞争对手进行了无数次的较量之后，才真正确立起来的。

通常情况下，摆在领导者面前的团队打造任务主要有三种类型，如图4-2所示：

图4-2 团队打造任务

领导者在发展团队的过程中，针对这三种不同类型的团队打造任务，需要采用不同管理方式和智慧。在最短的时间里面，获得团队的认同并汇聚团队的力量去发展事业。下面这个工具是检验领导者获得团队认同程度的。在日常工作中，领导者可以经常运用并做出适当的自我调整，和团队拧成一股绳。

1. 你现在和团队沟通最有力的部分是什么？

- 市场营销
- 公共关系
- 投资者关系
- 高管教练
- 客户关系
- 企业运营

▶ 人事问题

2. 你现在最薄弱的地方是什么？为什么？

3. 如果你有这些能力，你能做什么？

4. 你能补充或者调整哪些团队成员来弥补这些能力缺陷？

充分认识清楚自己和团队之间的关系、配合程度，并依照实际的情况，在领导风格或者领导行为上实时做出调整，确保获得团队的高度认同是作为一个团队领导者应有的智慧。

俗话说："狭路相逢勇者胜。"那么，怎样才算得上是"勇者"呢？在电视剧《亮剑》中，主角李云龙就对这两个字进行了精彩地演绎：

"古代剑客们在与对手狭路相逢时，无论对手有多么强大，就算对方是天下第一剑客，明知不敌，也要亮出自己的宝剑，即使倒在对手的剑下，也虽败犹荣，这就是亮剑精神！

“任何一支部队都有自己的传统，传统是什么，传统是一种性格，是一种气质，这种传统和性格是由这支部队组建时，首任军事首长的性格和气质决定的，他给这支部队注入了灵魂。从此，不管岁月流逝，人员更迭，这支部队灵魂永在！

“同志们，这是什么？这就是我们的军魂！我们进行了二十二年的武装斗争，从弱小逐渐走向强大，我们靠的是什么？我们靠的就是这种军魂，我们靠的就是我们军队广大指战员的战斗意志！纵然是敌众我寡，纵然是深陷重围，但是，我们敢于亮剑！我们敢于战斗到最后一个人！

“一句话：狭路相逢勇者胜！亮剑精神就是我们这支军队的军魂！剑锋所指，所向披靡！”

从李云龙的这段演讲中，我们可以看出，他一直在强调亮剑、勇者、军魂，这三者共同打造出了一支能征善战部队的优势，而有了这种优势的部队，必定战无不胜，攻无不克，所向披靡。因此，所谓的“勇者”，就是拥有敢于亮剑的精神。而之所以敢于亮剑，是因为这支部队拥有着永远也打不垮的军魂。也就是说，军魂，才是一支部队真正的优势，才是这支部队在任何情况下都敢于亮剑的资本。

同样的道理，作为一家企业，一个团队，如果没有这种优势，那么当竞争对手向你挑战时，你拿什么来亮剑？又如何在狭路相逢中取胜？所以，一个团队要打造出核心竞争力，首先要打造出自己的优势；一个人要成为一名优秀的领导者，也要先找出自己的优势，然后才能在这个基础上，不断地努力和提高。

一、塑造优势，穿越天花板

21 世纪最贵的资源是人才，而人才的核心竞争力，就是找到自己的优势，了解自己的优势，并将自己的优势发挥出来。

可以说，优势是你从平庸走向卓越的铺路石，更是让你平步青云的阶梯。在工作中释放潜能，发展优势，能够增强你的核心竞争力；发挥优势，能够更好地与上级和下属沟通，协调彼此之间的合作，提高工作效能，增强团队战斗力。

那么，什么是优势呢？

优势是具有持久和近乎完美的表现，由三大基本元素构成：天赋、技能和知识。其中，天赋是生来具有的，而技能和知识则是后天习得。一个人的优势，三分天注定，七分靠打拼。所以，当我们觉得自己没有什么优势的时候，千万不要怨天尤人，因为天赋只占了三分之一，而另外的三分之二，可以通过后天的学习而掌握。

在明确了优势的定义之后，有必要将优势进行系统分类，这样有利于读者去开发和利用自身的优势。结合在企业管理实践中和帮助客户开发优势系统学习项目的基础上，我将优势归为五大类，如图 4–3 所示。

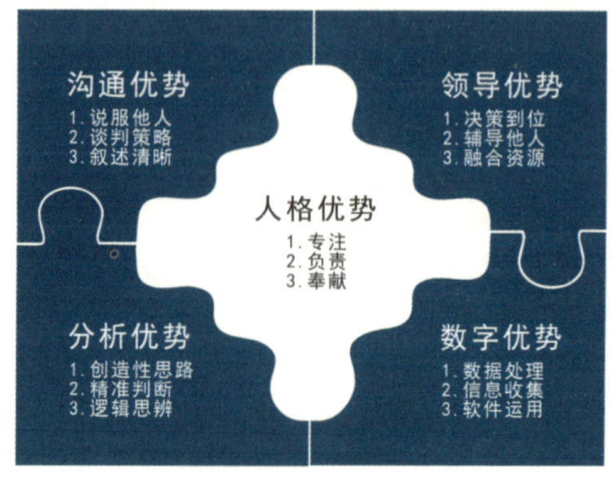

图4–3　优势系统分类

明确了优势分类，这样我们在打造自身职业优势的时候就可以做到有的放矢，而不会乱了方寸。这样也就有了一副优势发展地图。要打造自己的优势，首先要找到自己的优势。哈佛大学心理学硕士刘轩（著名作家刘墉之子）称此为“金色种子”。而要找到自己的金色种子，不妨询问自己六个问题：

①自己的优点是什么？

②自己拥有什么技能？

③别人会付钱请我做什么事情？

④如果我能出一本书，主题会是什么？

⑤别人能看见我的价值是什么？

⑥什么情境能让我专注？

认真思考上面的六个问题，找到问题的答案，并从这些答案中找出其共同点，这便是你的“金色种子”，也即你的优势所在。

而作为企业的领导者，我们更注重的，当然是自己在领导方面所具有的优势，也就是自己的领导力怎么样。这一点，我们可以通过他人的看法来了解，因为领导力主要是领导者对他人的影响。那么，怎样通过他人的优势来了解自己的领导力呢？我们可以通过书面或者面对面的方式，向他人了解下面的这四个问题：

第一，我的领导技能中哪些是我的优势？

第二，我的行为中是否有致命的弱点？

第三，我有哪些出色的领导技能可以对组织的发展产生重要影响？

第四，我的哪些领导技能对他人的影响最大？

另外，我们还可以用盖洛普优势识别器，对自己进行优势测评。盖洛普优势识别器是一款个人优势测评工具，由盖洛普公司开发而成。在汤姆·拉思（盖洛普公司全球咨询业务负责人）所著的《盖洛普优势识别器 2.0——发现你的优势》一书中，他提出了一个人的 34 种天赋，分别是：成就、行动、适应、分析、统筹、信仰、统率、沟通、竞争、关联、公平、回顾、审慎、伯乐、纪律、体谅、专注、前瞻、和谐、理念、包容、个别、搜集、思维、学习、完美、积极、交往、责任、排难、自信、追求、战略、取悦。用这个测评工具进行测试后，测试的结果会排列出每个人所拥有的五种天赋优势。

二、关注核心优势技能

当我们了解了自己的多种优势后，并不是每个优势都要去发展，只需要选择其中的一两项，持续改进，就能够提升自己的领导力了。当然，如何去选择，还需要结合自己的兴趣和组织的需求。尤其是与组织需求相关的优势，我们要着重发展，这将与我们在事业上所取得的成就有着直接的关系。因为如果一项技能是组织需要的，而你却对这项技能无感，那么组织就会考虑让更适合的人来代替你的位置。这就是竞争，不管你愿不愿意面对，你都得接受。所以，作为领导者，如果自己感兴趣的技能正好和组织的需求合拍，那当然是最好的；如果自己的兴趣并不是组织需要的，那么这项技能就只能作为你的个人爱好了。

因此，在做选择时，可以先问自己六个问题：

第一，我是否期待这项技能得到改进？

第二，我是否希望采用新的方式运用这项技能？

第三，我在运用这项技能时，会感到内心愉悦、充满能量吗？

第四，我会主动寻找可迁移这项技能的新项目吗？

第五，我是否愿意占用一定的时间学习这项技能？

第六，我是否喜欢持续改进这项技能？

通过这六个问题，可以弄清楚自己的兴趣所在，让自己的选择更加具体化。重点关注这项技能，并加以培养和发展。

三、培养优势的 3F 理论

在选择好要重点关注的优势技能之后，就需要改进一些与之相关的基本技巧。美国心理学家安德斯·埃里克森和罗伯特·普尔在其合著的《刻意练习》一书中，提到成为大师的 3F 理论：专注（Focus）、反馈（Feedback）和修正（Fix）。而这三点，如果用于打造我们自身的优势，同样也会取得明显的效果。如图 4-4 所示。

图4-4　3F理论模型

第一，专注。所谓的专注，就是专注于最终的目标，在达成目标的过程中，不管遇到多大的困难，都不忘初心。在这个前提下，我们可以将最终的目标分为几个阶段，然后分阶段去实现，逐个攻破，逐个超越，逐步成长。

第二，反馈。所谓的“反馈”，就是让我们站在巨人的肩膀上，获得有效反馈。因此，我们找到自己所在领域的大咖，然后向他们请教成功的秘诀，比如他们是如何获得某项优势的；或者针对自己在工作中遇到的痛点、难点，向他们求教，然后虚心听取他们的指点和反馈。牛顿说：“我之所以看得远，是因为我站在巨人的肩膀上。”确实如此，当我们从那些行业大咖那里得到反馈和帮助时，我们会更加快速改进自己的优势，提升自己的工作技能。

第三，修正。所谓的“修正”，就是要让自己刻意练习，不断修正。大师之所以能够成为大师，是因为他们能够专注于某项技能，一心钻研长期修炼。作为企业的领导者，我们也需要在管理这门学问上，长期修炼，才能成为顶级的 CEO，成为优秀的接班人。

当我们的某项优势获得很大改进，而且达到预期目的之后，就可以选择另一项想要改进的优势，进行新一轮的提升练习。最终我们会发现，在不断的学习和练习中，我们的优势已经越来越明显，并形成了我们的核心竞争力。而当我们将自己的核心竞争力进一步发挥时，就会成为团队的核心竞争力。

第二节　善于退让，凝聚团队共识

达成团队协作共识是领导者在日常工作中最难的一项工作。我在 BLU 工作时，每一次去美国出差，公司的创始人经常会在午餐的时候和我交流达成共识的两个法则，其一是尊重，其二是妥协。原本个性鲜明的我，在工作中逐渐放慢了语速，平缓了语调。时至今日，这两个黄金法则一直让我受用无穷。

在传统组织中，领导者即是决策者，他们的主要工作，就是对企业的重要项目进行拍板，或对重要岗位人员的任免进行定夺。也正因为如此，这些领导都往往每天从早忙到晚，可以说比任何一个员工都忙。然而，在老子看来，身居高位的领导者，是不需要这么忙的，要学会适当的“无为”，这样才能达到“无不为”的效果。所以，真正合格的领导者，不仅要做出科学、正确的决策，还要学会授权。当然，授权的前提，是达成共识；而达成共识的前提，则是沟通。

所以，每一位合格的领导者，都是沟通高手，熟练运用自己的沟通方式，口头的、书面的、对话式的、说服式的，总之需要运用自己熟悉的沟通方式。因为领导者的工作是建立在沟通达成共识基础之上的。可以说，懂得沟通的领导者，就会如老子所说的那样，“无为而无不为”；而不懂得沟通的领导者，虽然每天忙忙碌碌，但结果却往往是碌碌无为。为什么会这样呢？因为懂得沟通的领导者，他会争取团队的认同，并将自己的意识与团队的意志结合起来，最终达到团队共识，充分发挥团队的优势；而不善沟通的领导，则往往会将自己的意志凌驾于团队共识之上，独断专行，只顾发号施令，最终导致人心涣散，效率低下。

那么，作为领导者，怎样才能让自己成为沟通高手，并通过完美沟通，从而达成团队共识呢？

一、杜绝说教，才能有效沟通

许多领导者在与下属进行沟通时，往往用说教的方式，但这实际上是最无效的沟通方式。这种说教的沟通方式，主要表现在以下四个方面：

第一种是好为人师。这种人认为只有自己掌握了真理，所以把与下属的沟通变成了说教。然而，正所谓“人之患在好为人师”，凡是认为只有自己掌握了真理的人，往往并不知道什么是真理。破解这种沟通障碍，领导者可以通过探求沟通对象的建设性反馈来形成共识。

第二种是打断下属的叙述。这种领导往往认为自己完全看透了对方的心思，所以在对方刚开口说话，或只说了一半时，就打断了对方的叙述。然后通过自己的主观推断，认为对方是什么类型的人，然后开始进行说教，最后以“要为成功找方法，不为失败找借口”这种正确的废话来开导对方。可想而知，这种沟通方式，只会让下属越来越郁闷，因为这种领导者完全不了解自己的下属，所以也很难做到有效沟通。破解这种沟通障碍，领导者在沟通的过程中，可以采用提问的方式，来激发对方迅速进行深入思考，以便获得领导者想要的结果。

第三种是高高在上，自以为是。这种领导者因为长期处在高管的位置，所以总是认为自己高人一等，更不把下属当回事。所以当下属要提什么建议的时候，如果跟自己的见解不一样，往往就会大加排斥。破解这种沟通障碍，其实也就是两个字：尊重。

第四种是回避问题，模棱两可。这种领导者主要是对自身能力不太自信，或者为了平衡各方利益，所以当面对企业内部的矛盾或一些尖锐的问题时，在与下属沟通时，往往会顾左右而言他，将真正的问题敷衍过去。担当负责其实就是最好的沟通方式。

上面这四种无效的沟通方式，之所以被很多员工所反感，主要是因为现在的员工，主要是以“90后”为主体，而“95后”的比例也越来越高。这些“90后”的员工，都是在互联网的影响下成长的一代，所以更加追求归属感、尊重、自我实现和自我超越。所以，当他们遇到一个总是对他们进行说教的领导时，往往就会产生逆反心理，并最终导致离职。

今天的经济环境，已经变得越来越复杂，尤其是新个体效应的兴起，容易激发年轻人的创业热情，甚至会成为应届毕业生就业的一个风口。因为从目前传统企业的就业情况来看，很多问题已经越来越明显，尤其是很多年轻人不愿意当“韭菜”，于是选择了灵活的就业模式，参与到新个体经济中。而这一点，恰恰给传统企业的改革敲响了警钟。尤其是企业在招到了合适的人才后，如何留住高价值、有竞争优势的人才，已经成为一个重要的议题。这就需要领导者在与员工的沟通过程中，掌握好沟通的艺术，才能做到无碍沟通。

第一，将“层级”转变为“阶梯”。

在与员工沟通时，领导者要放下自己的高姿态，让自己融入员工的队伍当中，把员工当成自己真正的战友，而不仅仅是上下级关系。这样才能真正了解员工的各种需求，并将员工的诉求当成自己的诉求。在这个基础上与员工进行沟通，自然能够事半功倍。层级不是沟通的障碍，而是沟通的阶梯。

第二，将“要求”转变为“引导”。

追求平等、自主的新一代员工们，面对领导的各种要求，往往会产生强烈的反感，并开始排斥。所以，管理者要学会对员工进行引导，激发他们的斗志，使他们从“要我做”的心态转变为“我要做”，从而完成使命。

第三，将“指示”转变为“协作”。

领导的指示不是万能的，受资源、资本、环境等因素的影响，领导的指示有时候也会变得苍白无力。面对重大任务，领导者切忌坐等成果，与其坐等成果，还不如躬身入局，与团队成员协作，达成目标。

在一个周六的下午，迈阿密的一间酒吧里，BLU 创始人对我说了这么一段话：“Dani，Samuel 是 CEO，你是 HR Director，搓绳子，你知道吗？你就是那个搓绳子的人，Samuel 就是那个拉绳子的人，你们要互相协作，在建设高管团队时，你要学会长短搭配、粗细互补。”

走心的沟通，往往能够植入听者的心中，形成一股强大的无形的力量去迎接工作中的任何挑战。

一个睿智的领导者不但能够通过讲故事来打动团队成员，还能够采用日常生活中的比喻来提升沟通绩效。这也是领导魅力的体系，一旦下属认同，万事便可迎刃而解。

二、学会聆听，才能抓住重点

沟通是管理者应具备的基本素质，而聆听则是重中之重，它是达成共识的前提条件。然而，并非所有管理者都能掌握这一门技术，如何掌握并将其运用到具体的工作中去，考验着管理者的领导水平。美国学者约翰·阿尔代说："对于真正的交流大师，倾听和对话是相互关联的，就像一块布的经线和纬线一样，当他倾听的时候，他是站在他同伴的入口；而当他说话的时候，他则邀请他的同伴站在通往他思想的入口。"

在现实的工作中，许多领导者由于不善于聆听，或者在沟通时，抓不住重点，结果导致与沟通对象无法达成共识。而领导者不善于聆听的原因，主要有两个方面：

第一，先入为主。这种情况很容易造成偏见，当领导者对某个团队成员持有偏见时，就很难客观地看待问题，也就无法实现沟通的有效进行。比如，当你认为某个员工的工作能力有问题时，你就很难接受他所提出的建议，即便这个建议很合理。所以，要实现与下属的良好沟通，领导者就千万不能因人废言。

第二，忽视反馈。许多领导者在与下属沟通时，都缺乏反馈的意识和能力，在沟通过程中，只是单方面传递信息，却未对员工给予即时性反馈和有效反馈，这就极大地影响了沟通效果。

其实，每个人都有自己的认知边界，领导者也不例外，他们常常被困在自我认知的框框里，此时就需要一种能力——聆听。惠普公司的创始人帕卡特说："去倾听，然后去理解。"玛丽·凯（美国玛丽·凯化妆品公司创始人）则说："不善于倾听不同的声音，是管理者最大的疏忽。"可见，聆听是一种珍贵的能力，是解决问题的前提条件。当我们养成倾听的习惯时，就更容易了解员工的问题和需求，沟通起来也就更方便，更容易解决问题。

所以，最成功的领导者，往往也是最佳的聆听者。那么，作为领导者，如何掌握聆听的艺术呢？

美国著名的管理学大师史蒂芬·柯维在其所著的《高效能人士的七个习惯》一书中提道："最高层次的聆听是移情聆听，所谓的移情聆听，是指以理解为目的的聆听，要求听者要站在说话者的角度上，理解他们的思维模式和感受。"而要做到移情聆听，除了要用眼睛去观察之外，还要用心灵去感受。具体做法有以下五点：

第一，尊重所有的沟通对象。孔子说："三人行，则必有我师焉。择其善者而从之，其不善者而改之。"老子也说："善人者，不善人之师；不善人者，善人之资。不贵其师，不爱其资，虽智大迷。"意思是说，善人，是不善人的老师；不善的人，是善人的借鉴。不尊重自己的老师，不重视自己的借鉴，即使是聪明人也会变糊涂。从孔子和老子的这两段话中，我们可以看出，两位圣人对善人和不善之人的看法，是惊人的一致，都教导我们以善人为老师，以不善之人为警戒。而在我们所领导的团队中，实际上每个团队成员并没有善恶之分，只是能力有差别而已。但是，我们不能只尊重那些能力强的人，而把那些表现平平的人不当回事。要知道，别人尊重我们，并不是因为我们很优秀，而是别人很优秀。所以，如果我们自认为自己是一个很优秀的人，那我们就要去尊重每一个人。而当我们尊重每一个交流对象时，自然就能够认真倾听对方所说的每一句话，并了解对方所要表达的意思，同时给予明确的反馈。

第二，保持安静。在与对方交谈的过程中，我们遵循二八原则，即80% 的时间用来聆听，20% 的时间用来探讨。在倾听对方叙述时，一定要抑制自己直接发表看法的冲动，要耐心听对方说完，再发表自己的见解，这样可以提升沟通的质量和效能。如果自己不认同对方的观点，也不要急于反驳，而是要在认同对方的真诚分享之后，再将自己的观点说出来，与对方交流看法。更为重要的是，在倾听的过程中，延后反驳，保持安静，认真聆听，可以让你发现语言之外的重要线索。

第三，克制直接为其提供解决方案的冲动。所谓“授人以鱼，不如授人以渔”，当下属遇到问题，向你寻求帮助的时候，切记不可直接将解决的方案说出来。而是要引导下属，帮助下属找到解决问题的方法。这样，当下属以后遇到问题的时候，才会主动寻找解决问题的办法，而不是动不动就向上级寻求帮助。

第四，挑战假设，拆掉心中的防护墙。做好挑战自己内心假设的准备。当面对别人的质疑或者批评时，作为领导者，第一个反应往往就是抵触。之所以这样，是因为自己在心里做好了预设：“我的看法是对的。”所以，当别人对此提出质疑或者否定的时候，往往就会有急于肯定自己和否定对方的心态。在这种心态下，自然就无法做到认真倾听对方的观点。所以，当别人对我们的看法提出质疑时，我们不妨先放下对错，先听听对方的看法。这样，我们才能公正客观地面对问题本身：如果对方说得对，我们要勇于承认，如果对方只是误解了，作为领导者，就要耐心解释，直到对方的误解完全消除。

第五，适时提问，挖掘出更多信息。聆听并非被动沉默，从头到尾一言不发，而是要抓住重点，在关键的时候适时提问，这样才能挖掘出更多的信息，看清楚问题的本质，从而帮助对方找到更好的解决方案。下面这个聆听测试工具可以帮助大家评估自己的聆听水平，详见表 4–1 所示。

表4–1 聆听测试工具

聆听技巧检查表	
1	你最后一次与你最重要的团队成员进行职业发展对话是在什么时候？
2	你知道她/他们的职业抱负吗？
3	你知道她/他们在工作之外学习什么吗？
4	在职业发展对话过程中，她/他们是否感受到尊重？
5	她/他们觉得自己的技能与职业发展得到支持了吗？
6	作为领导，你通常会花多少时间和精力给团队成员提供建议和讨论？

总之，作为领导者，在与下属沟通时，要放开自己的心胸，放下固有的假设，通过认真地聆听，用全新的视角来看待那些已知或未知的事物，从而找到更多的解决方案。巴顿将军说过："如果每个人的想法都一样，那就意味着大多数人并没有思考。"而当一个团队的所有成员都没有沟通的欲望时，也就意味着这个团队丧失了思考能力，这是一件很可怕的事情。

第三节 破除障碍，激发协作精神

长期以来，企业为了做大做强，一直在鼓励竞争文化，或者说狼性文化，无论是外部市场的竞争还是组织内部团队的竞争，甚至到了无以复加的地步，一些团队成员为了能够在竞争中脱颖而出，不择手段，为了达到自己的目的，不惜出卖身边的同事。可以说，这种竞争方式，已经违背了竞争的初衷。因为团队的本质其实就是团结在一起的一队人，体现的是一种协作精神，如果为了个人或者某个部门利益而忽略了团队的协作精神，那么对团队所造成的危害，是不可估量的。

其实，对于一家企业来说，最大的财富并不是拥有多少人才，也不是拥有多少资金，而是将各有所长的人聚集起来，形成一个高效的、具有协作精神的团队。作为企业的领导者，首要的责任，就是以团队发展为己任，克服团队协作中的障碍，打造出一支高效的团队。

所谓的团队，并不仅仅是将一群人聚在一起，就能称为一个团队；只有在共同目标的指引下，大家通过协作，互相配合，形成强大的合力，这样才能形成一个真正的团队。

然而，正所谓"人各有心，心各有见"，由于每个人都有自己的想法，也就导致了团队中会存在一些协作上的障碍，影响团队的发展。而作为接班人，应该如何去破解这种障碍，并将团队的协作精神激发出来呢？我个人认为，掌握如下的四把钥匙，那么各种阻碍团队协作的困难，自然就会迎刃而解了。如图 4–5 所示。

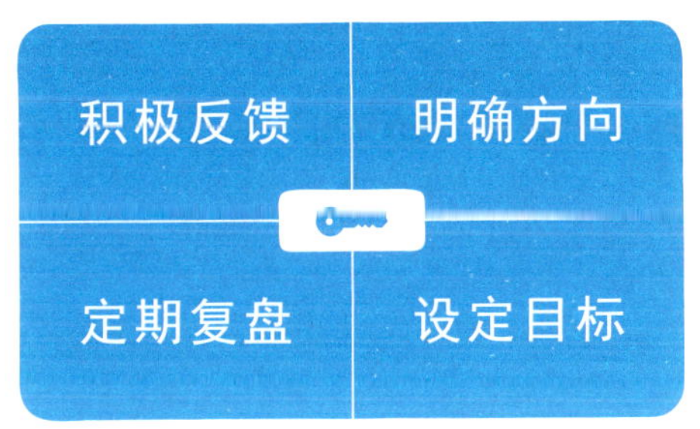

图4–5　团队协作的四把钥匙

第一把钥匙：指明前进方向

拿破仑·波拿巴在1796年带领军队进攻意大利，在开战前动员大会时，他这样说道："我将带领大家到世界上最肥美的平原去，那儿有名誉、光荣和富贵在等着大家。"他的这段话，正是抓住了士兵对未来的期待，并将其描绘成具体的场景，呈现到大家面前，这就极大地鼓舞了士兵们的士气，使其奋勇向前，剑锋所指，所向披靡。

在企业管理当中，带团队也如同带兵打仗一样，要明确团队的方向，并为团队成员勾画未来的美好愿景，将其定为整个团队的奋斗目标。

愿景具有强烈的感召力，领导者通过描绘美好的未来与发展方向，架构起现在与未来的桥梁。当领导者确定了团队方向，并将目标清晰传达给团队中的每一个人时，他们才能意识到自己在团队中所应承担的责任，明白自己的义务，进而找到自己的价值。当一个人知道自己存在的价值之后，他就不再只是被动地服从团队的规则，而是找到了归属感，自发地为实现整个团队的目标而奋斗。

惠普公司前任CEO约翰·杨曾说："成功的公司自上而下都对一系列总体目标持有共识，如果没有共识，再优秀的管理策略也会失败。"所以，当所有的团队成员都能了解并认可团队的愿景时，这个愿景就会产生强大的力量；当所有的人都在为共同的愿景而朝着同一个方向努力时，成功便触手可及。

第二把钥匙：聚焦团队目标

愿景是团队在未来所能达到的一种理想状态的蓝图，是团队长期努力的方向。

20世纪50年代，43岁的游泳名将弗洛伦丝·查德威克，给自己定了一个目标：在退役之前横渡英吉利海峡。为了完成这一目标，她每日进行刻苦的训练。在一切准备就绪之后，她终于付诸行动，跳入海中，朝英国方向游去。刚开始时，她的速度非常快。然而，在经过了15个小时的努力之后，海上突然起了大雾，使她的视线受到极大的影响。由于看不到前方的终点，再加上体力已经消耗得差不多了，她最终选择了放弃。

然而，等她上了船，并在船靠岸后，她才知道，在自己选择放弃的那个地方，离终点只剩几百米的距离。在接受采访时，她这样说道："让我最后选择放弃的原因，并不是身体的极度疲惫，而是看不到目标的那种绝望。"

弗洛伦丝·查德威克之所以在最后的时刻选择放弃，并不是她已经累得游不动，而是她看不到目标，所以只能放弃；如果当时有人告诉她，前面还有几百米就到达终点了，那么无论如何，她都不会放弃。所以，给团队制定一个能够"看得见"的目标，对于整个团队士气的提升是相当重要的。比如，当年曹操带兵出征，在部队饥渴难耐，人困马乏，无力前行的时候，曹操为了激励部队前进，于是制订出了一个很快就可以实现的"望梅止渴"的目标。果然，曹操把这个目标在军中公布之后，部队便得以顺利前进，很快就摆脱了困境。

一个人之所以能够在困境中坚持前行，就是因为有一个可以达成的目标。将这个目标用通俗易懂的语言向全体成员说明，使所有人都为同一个目标努力，是每一个领导者的责任。事实上，不管是马拉松比赛也好，行军也好，正是因为人们知道终点在哪，大概还要多久才能够抵达，所以才能坚持下去。如果大家都不知道终点的位置，也不知道什么时候该结束，只得到“前进，继续前进”这样的命令，那么任何人都难免会懈怠。而类似于“尽量提高销售额，尽可能多地创造利润”这样空洞的口号，也会让员工觉得因为目标虚幻而产生疲劳感。

只有给员工以清晰的方向和明确的目标，才能使员工保持积极的状态以及前进的动力。

第三把钥匙：复盘得失经验

“复盘”一词，来源于围棋术语，是指两人完成对弈之后，再重新进行一次推演，以总结其中的经验教训，提升棋艺。

复盘是一种有效的方法论。孔子曰：“吾日三省吾身。”通过复盘，总结自己的经验得失，明确自己的缺陷和不足之处，能够避免重复失误，从而提升后续工作的效率，有效达成目标。我们每个人在成长过程中都会遇到各种各样的问题，通过复盘，可以帮助我们找到问题背后的规律和原则，使我们形成一套自己的“免疫系统”，避免同类问题和风险的发生。

海明威说：“真正的高贵，是优于过去的自己。”水滴石穿，非一日之功，只有每天持续复盘，持续进步，才能赢来最终的脱胎换骨。谷歌公司从成立至今，一直保留着每周召开例会的传统，刚开始，例会主要是分享工作内容，后来逐渐转变为技术演讲。在会议中，高层会经常分享最新的商业模式及市场动态，并为员工提供相应的发展机制，帮助其完成转型。正是通过复盘的方式，谷歌培养了一批又一批优秀的接班人。

对团队而言，复盘是一种改善管理的良好方式，是让团队站在巨人肩膀上迅速发展的一种进化工具。步步高公司也是运用复盘比较成功的一家企业。

2018年，步步高全面复盘了本公司的战略。通过复盘，步步高有了一个重要发现，即企业核心竞争力的提高速度受三大因素影响：一是经营管理指挥的高效性；二是业态发展中的比较利益；三是回归风险承担商业本质经营活动的速度。由此，步步高董事长王填在湖南长沙举行的全球供应链峰会中宣布了公司接下来的三个战略举措：一是王填将重返公司CEO岗位；二是企业经营方式将回归风险承担型经营活动；三是全面调整与供应商的利益博弈格局，向双赢的商业本质回归。这三项转变战略上转变体现了步步高在竞争中的新打法，推动着步步高在竞争格局中打开新局面。

复盘与工作总结不同。工作总结只是简单地把所做工作汇集到一起，但是复盘有着一定的流程和形式，还要以学习为导向，不断从过去的经验中学习，同时需要集体参与。在团队中进行复盘，有利于提升团队成员和整个团队的能力。

第四把钥匙：给予发展性的反馈

我们曾经做过一项调查，90%的调查对象认为上司的发展性反馈，或者说建设性反馈能够提高下属的工作绩效，减少工作失误。

在实际工作中，下属往往迫于对权力的畏惧和不自信，有一个常见现象就是常常都处于等待上级领导召唤自己的状态。作为高层领导者，切记不要认为自己是上司、自己是董事长或者是总经理，下属就应该实时给自己“早请示、晚汇报”，其实领导者应放下身段，主动给以下属反馈，更能展示自己的领导实力，也能够拉近和下属之间的距离，达成更默契、高效的合作。

第四节 善用其心，提升软实力

自古以来，每当出现改朝换代，或权力之争时，结果都是“胜者为王，败者为寇”。今天，我们在职场上，已经不再以成败论英雄了，因为每个人都有自己的长处，只要把他放在合适的位置上就可以成事。同样的，要成为一名合格的接班人，可以不懂技术，可以不懂销售，甚至可以不用具备很高的智商，但一定要懂得企业的目标是什么，以及实现目标的方法。最为重要的是，目标一旦确定，就要坚定不移地朝着目标前进。

当然了，仅仅有魄力还不够，还需要掌握方法，因为如果仅仅有魄力而没有方法，那就是蛮干，而蛮干的结果，往往会导致南辕北辙；只有魄力和方法的完美结合，才能牢牢把目标锁定，并顺利达成目标。

那么，哪些方法可以让你带领着团队快速成长，并达成目标呢?

一、让自己成为员工的导师

在大学时，很多硕士生和博士生都喜欢将自己的导师称为“老板”；而在职场上，很多员工又喜欢将自己的老板称为“老师”。一位合格的导师，必定是一名优秀的“老板”；一位合格的老板，也必定是一名优秀的

“导师”。

不管是优秀的导师，还是杰出的老板，在指导学生或引导下属时，他们都有一个共同的特点，那就是善用其心。也就是说，他们都善于将人心给凝聚起来，然后形成一股强大的力量。因为他们深知：“人心齐，泰山移。”相反，如果人心散了，队伍就不好带了！所以，一位合格的领导者，必须是一名出色的导师，这样他才能将整个团队的人心聚集起来。

杰克·韦尔奇在担任通用电气公司CEO时，曾在公司里做过一个培训游戏。他决定和一些高层管理人员一起去登山。在登山活动开始的前一天，他给每个高管发了一顶帽子和一双鞋子。

然后，韦尔奇问这些主管们，是否知道自己的意图。高管们当然知道，于是都回答说是为了去登山。韦尔奇接着问是否要为大家准备内衣和内裤。但高管们连忙推辞，都表示不用，自己解决就好了。结果，那天的登山活动进行得很顺利，最后圆满结束。

对此，韦尔奇总结道：“管理的工作，只需要管好‘头’和‘脚’就可以了，并不需要从头管到脚。”

韦尔奇在这里所说的“管好头”，指的是带头人，它明确了两个问题：一是谁来做，二是做什么；所谓的“管好脚”，指的是对最后结果的把控。所以，领导者在管理团队时，并不需要事必躬亲，只需要掌握好关键的部位就可以了。

团队目标能否高效达成的关键，就在于员工是否能够从“要我做”转变为“我要做”。而这种转变，靠强制当然是不行的，这时就需要领导者要扮演好“导师”这个角色了。

在现实的工作中，下属与领导者的能力相比，可能相差甚远，毕竟领导者所具备的丰富经验和娴熟技能，是经过多年的经验总结出来的。但是，如果领导者事事不放心，事事要插手，那么留给下属的成长空间和成长速度就非常受限。所以，领导者要成为下属和员工的导师，就必须通过言传身教的方式，将自己的经验传授给他们，才能使他们更快成长。具体而言，可以从以下三点做起：

第一，鼓励员工大胆尝试。

我们要给予下属足够的信任，这样不但能够激发出他们的工作热情和信心，而且还可以让领导者从烦琐的事务中解脱出来，将更多的精力投入到更重要的决策上去。

日本经营之神松下幸之助在提拔年轻人为课长后，为了给予其切实的信任，会在员工会议上，让新任课长致辞，然后由资格最老的科员回应：“我们发誓服从课长的命令，勤奋地工作。”这样一来，新任课长在员工中的威信马上就得到了提升。

第二，采用引导式提问，避免命令式口吻。

在谷歌，每周都会由各个部门提交一份工作概要。谷歌首席人才官拉斯洛·博克在刚开始带领团队时，基本上都是由他本人完成工作概要的撰写和提交。后来，他让团队的成员完成工作概要，由他审阅评定；最后，他直接指定团队中的某个人完成工作概要的工作，然后直接提交上去。在这个逐步放权的过程中，拉斯洛让员工感受到被信任的同时，也减轻了自身的工作量。

不过，在刚开始放权给下属时，下属由于没有经验，所以也会有失误的时候。这时，领导者可以采取提问的方式，引导对方反思，让对方意识到自己的失误对整个工作流程带来的影响，并按照预设方向主动改正。

那么，如何使用引导式提问呢？比如“在刚开始时，你会想到是这个结果吗？”“在接手这项工作的时候，你有没有制定相应的计划？以及应急的预案？”“如果是我，我会这么做，你知道为什么吗？”

如果下属遇到问题而无计可施，这个时候可以给予一些指导性意见，供下属选择。总之，只要领导者给予下属足够的信任和支持，就能赢得对方的信任，并进而激发员工的积极性和创造性，提高工作效率。

第三，授权之后，只需等待。

领导者在授权给下属之后，就不要再管下属如何实施了，只需要耐心等待结果就可以了。如果因为不放心而在旁边指手画脚、过度干预的话，就会让下属感觉不被信任，从而丧失对工作的热情。这也就是韦尔奇所说的，管理只需要管头和脚就可以，而不需要从头管到脚的原因。

二、营造互相尊重的氛围

尊重，是一个人最高贵的素质。因为他不但看到了众生平等的真相，而且还落实到行动上，这才是真正的知行合一。而作为企业的领导人，不但自己要做到尊重每一个员工，同时也要在团队中营造互相尊重的文化。

苹果公司现任CEO蒂姆·库克是个性格内敛的人，他的身上有着温良的绅士风度。对于员工提出的任何一个问题，不管那些问题在他看来是多么简单，他总是耐心地给予解答，而且循循善诱，就像一位优秀的老师一样。苹果的一位销售助理，曾在自己的博客上这样描述蒂姆·库克："当他回答我时，他对我说话的态度，好像我是苹果最重要的人……从那天起，我开始觉得自己不再是一个可替换的零件。我就是苹果中数以万计不可或缺的部分之一。"

从库克对待员工的态度中，我们或许隐约能够感觉到，苹果之所以能够成为全球市值第一的公司，除了它本身有过硬的技术作为支撑，掌门人的软实力也是不可或缺的。

乔治·华盛顿大学曾对全世界近2万名在职员工做过一项调查，在调查中，每个员工都会被问到这样一个问题："在公司里，你最在乎的是什么？"答案虽然五花八门，有的说"最在乎的是薪水的高低"，有的说"最在乎的是工作环境"，但最常见的回答却是"得到上级的尊重"。

每个人都渴望得到他人的尊重和认可，所以作为领导者，要明白尊重员工的重要性，并在团队中刻意营造这种尊重的文化。史玉柱在总结自己带团队的经验时，曾这样说："不管下属有什么不同想法，我都会充分尊重他们的意见。"当公司把尊重当成一种企业文化时，员工将会更加忠诚于公司。

三、在坚持中妥协，在妥协中坚持

在工作中，每个人都有着不同的价值观，在性格方面也是不一样的，这就导致思考问题的出发点往往也有差异，处理事情的方式方法也不一样。因此，无论是团队内部，还是员工与客户之间，在同一事情上产生摩擦和争执，也是很正常的。这个时候，作为领导者，就要想办法从中协调，使大家的想法达到一致。否则将会造成严重的后果：一是浪费时间，拖延工作效率，影响问题的解决，最终造成不必要的损失；二是影响整个团队的团结与协作，削弱整个团队的战斗力；三是导致项目的搁浅，影响目标的达成。

真正聪明的领导者，一定能够为了目标而选择妥协和退让。但是，妥协并非毫无原则地缴械投降，而是在坚定目标和原则的基础上，为保大局而做出的暂时退让。也就是说，要在坚持中妥协，在妥协中坚持。

实际上，妥协只是一种方法和手段，达成目标才是最终的目的。那么，作为领导者，应该如何掌握妥协的艺术呢？

第一，凡事留有余地。

在历史上，凡是兴旺的名门大族，也都知道“满招损，谦受益”的道理，所以他们做事，向来都留有余地，不会把事情做得太满。

在河南巩义，康百万家族又称河洛康家，明洪武年间，其始祖康守信由山西洪洞县迁至河南巩县（今巩义市）康店镇定居。之后，康家在此辛勤耕读，经商传家，家族渐渐兴旺发达，乾隆时进入全盛，成为中原巨富。自六世祖康绍敬，至十八世康庭兰，康家兴盛了13代，历400余年，开创了“富甲三省，船行六河”的财富格局，庄园也从最初的山腰建至山顶。

康百万庄园过厅正上方悬挂着一块别致的匾额——留余匾，它既是康家的家训，也是康家庄园文化的象征和镇馆之宝，历来就有“进入康百万，先看留余匾”之说。

“留余匾”也是中华名匾之一，匾长 1.65 米，宽 0.75 米。造型犹如一面迎风招展的黄色旗帜，金底黑字。全匾共计 174 个字，除标题“留余”二字为篆书外，其余为字体流畅的行楷。该匾为同治年间进士牛瑄所题，是康家训示家中子弟的家训匾。

康家的“留余匾”，实际上就是对王伯大的《四留铭》进行注解；而康家的家训，则是对《四留铭》的践行。这也恰恰是康家得以兴盛 400 余年的真正原因，值得我们学习与践行。

第二，放下面子，学会妥协。

任正非说：“什么是领导？领导就是妥协，大家要学会善于妥协……要服从于市场需要、客户的需要。”比尔·盖茨也曾经这样说，如果事实证明，是他自己犯下的错误，他将随时向员工致歉。事实上，比尔·盖茨也是这样做的。他经常会为一些工作上的事情与下属唇枪舌剑，甚至吵得面红耳赤，但等到他冷静下来之后，他便会认真反思，如果发现是自己的观点错了，他便会及时地向对方道歉，并坦然接受对方的意见。

正是由于比尔·盖茨没有架子，勇于承认错误，善于接受别人的建议，所以才能缔造出他的微软帝国，并使自己连续多年蝉联世界富豪榜的榜首。

第五章　组织认同

组织认同是指组织成员根据自己的成员身份定义自我的一种过程和结果，并因此而产生与组织一致的价值观和情感上的归属。组织认同是一种情感上的归依，一定程度上超越了成员与组织之间简单的交换关系，甚至改变组织成员对工作的认识和态度。因此，作为接班候选人，不管在思想上，还是在行动上，都必须与组织保持高度的一致，才能带领自己的团队驱动组织更好地发展，更好地变革去适应时代发展的潮流，使组织的事业基业长青，并取得更大的成就，如图 5-1 所示：

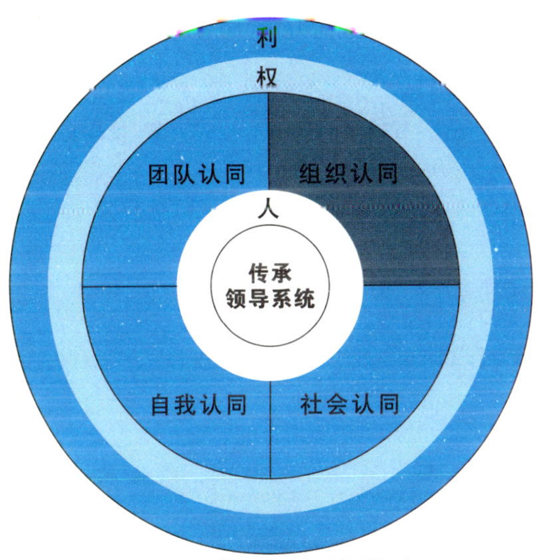

图5-1　传承领导系统模型

CEO 对组织业务设计进行重大变革的事项，如图 5-2 所示：

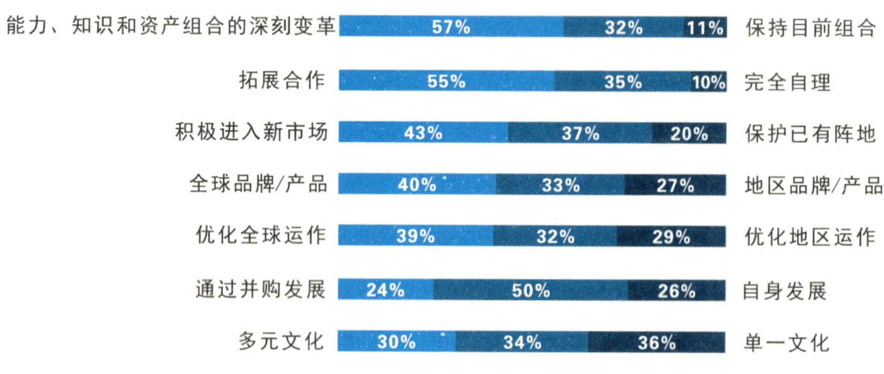

图5-2　CEO对组织业务设计进行重大变革的事项

要实现这项组织发展的优先项，必须要充分发挥高管团队的作用，无论是内部的高管还是外部聘请的高管。高管团队是推动组织发展的核心力量。

第一节　硬挺，激活外来高管智慧

在走向卓越的历程中，引进外部合适的、具有竞争优势的领导人才是驱动企业从优秀走向卓越的一个极为重要的选项。

有行业统计数据表明，空降高管的存活率 10% 都不到。其实，本土公司请具备国际化背景的 CEO 加盟，就是为了解决公司已经存在的问题。但在实际操作中，当职业经理人的理念与公司老板出现分歧时，就很难生存下去。

有专业人才服务机构的统计数据显示，珠三角的民营企业在引进空降高管中，失败率高达85%。主要原因有四，其一是背负超高的业绩期望。引进的高管一般薪酬待遇相当之高，高报酬意味着高业绩，一旦业绩不达标，离开是不二之选；其二是难以躬身入局，眼高手低。有些高管加盟后，全当自己是一个指挥天才，眼高手低，忘记了事业是干出来的事实；其三是难以适应新环境。新入高管往往对新企业文化的灰色地带不能娴熟把握，进入雷区还以为自己进入了康庄大道；其四是掉落老臣们架设的陷阱。迫于生计，君子有时候也会变小人。

而阿里巴巴的接班人张勇，则是空降成功的典型代表。在阿里巴巴走向正轨之后，马云便开始寻找自己的接班人，而当时他看上的人选，就是张勇。

张勇是上海人，1972年出生，毕业于上海财经大学，读过MBA，在安达信会计师事务所干了10年，后来被陈天桥请到了盛大做首席财务官。

张勇在盛大干得也是风生水起，但在2007年，他接到了一个猎头公司打来的电话：另一个首席财务官约他去香港文华东方酒店喝早茶。

张勇一大早就飞到了香港，发现坐在他对面的，正是阿里巴巴的首席财务官蔡崇信。于是，一个首席财务官挖另一个首席财务官的故事正式上演了。喝完早茶后，张勇当即决定加盟阿里巴巴。

张勇到了阿里巴巴之后，也显现出了卓越的才能，他最开始担任的是淘宝的首席财务官，然后又担任淘宝的首席运营官兼总经理。

2011年，天猫从淘宝独立出来，张勇出任天猫总裁一职，“双十一”

正是他的杰作，其商业头脑可见一斑。

在阿里巴巴，张勇花名逍遥子，通过几场天猫战役后，终于奠定了马云接班人的身份：一是主导天猫崛起，二是创造了“双十一”购物狂欢节，三是将淘宝天猫送上了无线世界。当然，张勇取得今天的成绩，除了与他的才干有关，也和马云给他提供的舞台密不可分。

怎样才能确保空降兵的存活下来并作出一番事业呢？下面的三个策略，应该值得借鉴。

一、扎根

在过去四十年中成长起来的企业家，在能力与忠诚度的二维选择上更加看重经理人的忠诚度。作为职业经理人，如何才能展示出忠诚度呢？

2020年国庆节期间，我来到山东临沂，给一家房地产公司高管授课，和网络上神交已久的一位高管终于面对面进行了交流。当时，我们一见面，我就问他：“您从北京来到这样一个三线城市，不后悔吗？”他坦然地回答：“像我们这样干事业的，一般不考虑地域因素，能在哪里干成事，就在哪里干。”

扎根显忠诚。一心一意，躬身入局尽情展示自己的才华。为企业的发展，长期艰苦奋斗不止，这又何尝不是创业者成就事业的精神呢？这才是真正的同频共振。

二、融入

迅速融入新组织，对每一个新加入的高管来说，是其入职培训中尤为重要的一门必修课。因为它能迅速在组织内部建立起和其他领导者共事的合作关系。宏观的企业文化我们只能看见，但是摸不着。微观的企业文化我们能够深刻感受到，哪怕远隔重洋，但就像在自己面前一样，这就是企业文化的魅力所在。一家伟大的公司的企业文化，总是能够时时刻刻让你感受到他的魅力和焕发出来的精神。接下来我要分享一个发生在我自己身上的故事。

加入 BLU Products 的第一天，在办公室坐定后，我给公司首席战略官（其实是公司创始人 Mr.Daniel）发出了第一份电邮并抄送给了全体公司企业领导团队成员。其实，在发出这份电邮之前，我渴望得到领导层的回复是："Dani，欢迎加入我们，好好干"诸如此类的欢迎词。可是，事与愿违。我收到 Mr.Daniel 先生的回复内容可不是什么欢迎词，其中有这么一句让我印象深刻："You SHOULD go back to your school, don't you know the difference between try my best and do my best"。我看到后才恍然大悟，原来在我的电邮里面，有这么一句："I will try my best to finish the jobs in the office"。在 Daniel 老先生看来，这两者是有显著不同的，体现在努力工作的程度不同，在东方文化里，"我试试吧"，包含有谦虚之意。但是在西方文化中，却体现出尽力而为。这就是文化的差异和魅力。细微之处体现出了文化的魅力。它影响着我们的行事风格和战斗意志。

文化的认同可以将局外人转化成局内人。

企业文化能够帮助企业提升组织凝聚力，并增强团队的竞争力。而作为空降的职业经理人，必须先让自己融入企业的文化中，才能真正了解这家企业的历史和未来的发展方向，以及整个团队的使命。这对于开展工作是非常有利的。本杰明·施耐德提出的“吸引—选择—淘汰”模型，就很好地解释了空降职业经理人必须融入企业文化中，才能使自己与企业相互吸引；如果无法使自己融入企业文化，最终就只能被淘汰。

Chanel（香奈儿）在其创始人Coco Chanel（加布里埃·香奈儿）于1971年去世后，这个品牌就开始走下坡路。到1983年时，整个公司已经变得死气沉沉，毫无生气。这时，公司为了寻找一位能让品牌重焕光彩的设计师，于是诚邀卡尔·拉格裴加盟，并委于重任。当时，拉格裴身边所有人都反对他加入Chanel，因为大家都认为Chanel“已经死了，永远不会再回来了”。但是，拉格裴还是接受了这个挑战，并且最终成为一个锐意创新的继承者，在他的努力下，终于完成了对Chanel的“改造”，让奄奄一息的Chanel复活过来，成为世界上最知名的时尚品牌之一。而拉格裴本人也因为成功地挽救了Chanel，而被称为“时装界的凯撒大帝”或“老佛爷”。

在谈到自己的成功秘诀时，拉格裴一直强调自己是在遵循Chanel传统的同时，对其注入一种新鲜的元素。也就是说，拉格裴只是一位锐意创新的继承者，而不是颠覆者。实际上也是如此，在几十年的时间里，拉格裴一直用创新的方式，忠实地延续着Chanel的风格。

可以说，拉格裴的成功，在于他将自己融入 Chanel 的文化中，而不是将自己的意志凌驾于 Chanel 这个品牌之上，更不是试图颠覆 Chanel 的理念，因为他知道颠覆就意味着从本质上完全改变了 Chanel 这个品牌的内涵。而作为空降到 Chanel 的设计师，拉格裴深刻地意识到，自己的使命就是挖掘 Chanel 最有价值的基因，在尊重这个基因的前提下进行创新，这样才能将这个知名的品牌重新激活。

企业的创始人其实就是企业文化的化身。在他们身上无处不显现出企业从零到壹所有的经历，正是这些经历逐渐凝结成最终企业文化的文字描述。这对于企业创始人来说，接班人就是要把这些企业成功、失败汇聚而成的结晶传承下去。文化传承也是继任者的一项根本任务。同仁堂、全聚德、IBM、3M、通用等等一概如此。所以，作为新进高管，刚到一家新的公司时，应该先让自己融入该公司的企业文化中，并将传承企业文化作为自己的使命。只有这样，才能让自己在公司站稳脚跟，才能让自己有实现理想和抱负的机会。

三、抉择

一般来说，一个职业经理人空降到新企业会经历四个阶段：第一个阶段是学习期，这个阶段以处理人际关系为主；第二个阶段是调适期，这个阶段以创造自我价值为主；第三个阶段为变革期，这个阶段要以实现高绩效为主；第四个阶段为融入期，到了这个阶段，企业与空降的职业经理人已经彼此认同对方。

所以，职业经理人如果能够让自己快速融入公司的氛围中，那么这个经理人就有可能会成为企业富有竞争力的接班人。所以，在这四个阶段中，职业经理人要调整好自己，让自己平稳渡过每一个阶段。

第一阶段：学习期——关系敏感。

空降到新企业的职业经理人最初要经历大概6个月的学习适应期，刚到企业的职业经理人面对新的环境和人际关系，常常面临比较强的人际冲突。对于公司内部人员来说，空降的高管无疑阻碍他们的晋升，这就让他们对空降的职业经理人带有一种先天的敌视。在这种情况下，空降的职业经理人很难顺畅地获取信息，在沟通方面也可能不太顺畅，同时，刚到新的公司，也无法得到老板的完全信任和授权，这对于空降的职业经理人来说，也是比较难熬的一个阶段。

在这个阶段，企业也会根据固有的标准来评估职业经理人的能力和价值，这是空降经理人能否成功融入企业的关键阶段，因为双方都对彼此保持着高度的敏感。

在这个阶段，空降的职业经理人可以从以下几个方面去应对：

1. 主动建立关系。初来乍到的管理者，在这一阶段，最重要的就是主动和企业员工建立积极友好的人际关系与工作关系。首先要放低姿态，尽可能和公司其他高管建立强有力的工作关系，打通了信息渠道和沟通渠道，有利于让空降的领导者快速在企业中站稳脚跟。

2. 重新开始。世界上没有两片完全相同的叶子，也没有两个绝对相似的企业。所以，职业经理人即使在过去曾经有过辉煌的业绩，在过去的那些经验和方法，不可能完全套用在新的企业中。所以，面对新的环境，要积极适应，调整自己的心态，重新定位自己，根据现在企业的管理模式来调整自己的工作方式甚至生活方式。

3. 快速学习。面对一个全新的企业，职业经理人想要有所作为，必须快速学习，尽快掌握和了解企业的运作模式，了解公司的社会网络情况和利益相关者，否则就无法顺利开展后续工作。

第二阶段：调适期——价值敏感。

成功度过学习期后，紧接着就是调适期。职业经理人和企业双方经过学习期的互相了解之后，双方建立了初步的信任，职业经理人就要开始思考如何突破自己，这也正是企业希望职业经理人展现价值的阶段。要成功度过这一阶段，职业经理人可以这样做：

1. 展示自己的能力和价值。在调适期，企业最关注的是职业经理人的价值问题，在这阶段，职业经理人需要做出一些业绩，哪怕只是一个工作方法上的亮点，也会让企业看到你的能力和价值在哪里。

2. 寻找变革的突破口。在前面我们已经讲过，企业之所以选择空降而不是从内部选拔管理人员，就是希望空降的职业经理人能够带领企业突破瓶颈。所以，在调适期时，虽然职业经理人还难以推动团队变革，但是可以寻找变革的突破口，对企业存在的问题提出切实可行的改进方案，这样会比较容易获得企业的青睐。

3. 建立合作型工作关系。空降的职业经理人在学习期建立了友好的人际关系后，在调适期时仍然需要进一步稳固这种关系，所以要主动探索合作的工作机制，努力赢得下属的信任和支持。

第三个阶段：变革期——绩效敏感。

经过学习期和调适期两个阶段的考验之后，空降的经理人需要在变革期走向舞台的中央，成为变革的主角。在这个阶段，企业对空降经理人的核心要求是取得变革的成功，也就是要有绩效，所以也称之为绩效敏感期。

在这一阶段，空降的职业经理人如果变革成功，帮助企业突破了瓶颈，也就意味着自己已经初步在企业站稳脚跟了。要成功度过这一阶段，职业经理人可以这样做。

1. 取得高绩效。通过变革，让企业获得业绩的迅速增长，甚至超出老板的期望，那么空降职业经理人的地位就会得到巩固，赢得老板的信任。

2. 培养团队。空降的职业经理人在展示自身价值的时候，要为企业培养一个能干事的团队，因为一个人的力量是有限的，团队的力量是无限的。能为企业培养优秀的团队，这对企业来说，就是解决了人力资源的一个难题，会让企业更加信任你。

3. 整合外部资源。大多数企业寻找空降经理人的一个重要原因，就是希望借机整合资源，所以成功的空降经理人尤其善于利用这一优势来获得企业的信任，并推动企业的战略变革。

第四阶段：融入期——认同敏感。

在成功经历了变革期之后，空降经理人已经用业绩向公司证明了自己的能力和价值，获得了老板（股东）的信任和更高的绩效期待。经过一段时期的磨合，空降经理人已经对企业非常熟悉了，企业内部的人也开始把空降的经理人视为自己团队中的一员。今后正式成为接班人也就更顺理成章一些。

第二节 重振，发掘后起之秀潜能

当企业度过了创业期的艰难后，逐渐步入平稳发展阶段，这时创业者除了继续为企业的发展保驾护航之外，还有一件很重要的事要做，就是寻找自己的接班人。那么，作为企业的领导者，如何去寻找并锁定自己的接班人呢？从高潜人才中去寻找。

所谓高潜人才，就是指那些未来能够承担领导角色的高绩效员工，因为他们的价值观和企业一致，符合企业发展的愿景，而且有强烈的自我成就动机。这些人才能够适应环境的变化，善于学习，能够快速找到解决问题的方法，在工作中表现出独特的人格魅力，并具有领导的潜质。

高潜质人才最核心的行为特征，分别是内驱力和综合能力。内驱力型人才渴望领导力的提升，具有很强的上进心、愿意通过同级轮岗、挑战性的任务去拓宽职业技能的广度，主动寻求反馈并依据反馈，身体力行；综合能力型人才能够在复杂并快速多变的环境中工作，有能力担任更多更重要的领导角色，具备很强的学习能力、优秀的人际交往能力，能有效处理压力和情绪问题。

那么，作为企业的领导者，应该如何优化领导系统，培养高潜人才，使之成为一名合格的接班人呢？

一、注重能力

麦肯锡的一项研究表明，进入人工智能时代后，全球范围内将有多达1.4亿全职知识工作者或被智能机器所取代。到2025年，全球将会有1000万个工作岗位消失。

据斯坦福大学统计，美国将有47%的职业会被人工智能所取代；而在中国，这个比例有可能达到60%以上。而在这种机器取代人工的岗位中，完全不受其影响的可能只有1%，而这些人工智能无法取代的岗位，就是由高潜人才担任的岗位。他们在以算法、大数据、人工智能主导的新一轮数字革命中掌握全局，在复杂多变、不确定的时代中不断升级自己的思维和能力。

全球最富有影响力的管理咨询大师拉姆·查兰在长达50年的研究中发现，真正的高潜人才至少拥有五项特质：一是有效提高时间回报率，二是激发他人及培养他人，三是成为创意及执行大师，四是善于研究客户及竞争对手，五是提高思考及判断能力。因为具备了这五项特质，所以高潜人才能够从海量的信息中，迅速找到关键内容，并且在此基础上敢于构想大格局。

高潜人才在实现自己的蓝图时，如果遭遇到阻力或者暂时不可能实现，他们不会轻言放弃，而是尝试各种方法，比如借助技术手段、寻求他人帮助等，只要能够解决问题，他们都会乐意尝试。另外，高潜人才不会轻易给自己设限，为了达成目标，他们能够越过重重障碍，勇于突破，并且善于构建生态圈。

二、深度开发

一个企业中总会有各种各样的人才，而高潜人才是少之又少的那部分。作为企业的领导者，如何将这些高潜人才发掘出来呢？这就需要掌握好两项最基本的原则。

第一，高潜人才是企业的重要资源，而不是专属于某位领导的个人资产。这就意味着高潜人才从发掘、培养和任用方面，都要从大局出发，以企业的整体利益为准，各级领导不能为了本部门的利益而长期霸占高潜人才，阻碍他们的快速成长。相反，企业的中层管理者有责任和义务帮助高层管理者发掘高潜人才。

第二，高潜人才一般都很有个性，所以要为其设计有针对性的成长路径。正如新时代的客户越来越要求个性化服务，所以企业在发掘高潜人才时，对其个性也要有包容性。

总之，高潜人才作为企业未来的继任候选人，企业在对待高潜人才时，要灵活应对。所谓千里马常有，而伯乐不常有，企业家要充分发挥自己的慧眼识珠能力，找到高潜人才，帮助他们加速成长，持续优化提升高潜人才梯队。

三、重在选拔

在高潜人才的培养和任用上，选拔是一个至关重要的一个环节。我们要知道，如果种子不好的话，即使再怎么用心栽培，也是很难长成参天大树的。所以，在华为的干部管理中，奉行这么一个理念："干部是选拔出来的，不是培养出来的。"可见，在人才培养中，选拔是十分重要的。

高潜人才的选拔，可以通过企业内和企业外两种途径，即从企业内部选拔高潜人才和企业外部找到高潜人才。

在企业内部，通过企业的KPI绩效考核和能力素质模型两个工具，一般能够鉴别出高潜人才，发现高潜人才后，企业需要在他们身上投入更多的精力和资源，使其发挥出高潜人才的潜力，激发他们的创造力，从而为企业创造更多的价值。

除了企业内部，在企业外部发掘高潜人才也是一个重要渠道，企业可以通过协会、猎头等途径找到适合自身发展的高潜人才，然后通过招聘的方式，将其收入麾下。

另外，企业的人力资源部门要建立起企业的人才数据库，把企业内部和外部的高潜人才录入企业人才数据库中，并且及时跟进，在公司需要的时候能够快速调取人才信息，进行人岗匹配。

四、持续培养

高潜人才的特质决定了他们不同于一般人才，他们渴望挑战，喜欢有难度的工作。所以，如果企业没有给予这些高潜人才提供快速成长的机会，他们可能就会选择离开。

因此，在培养高潜人才的时候，要把他们放到陌生的环境里，考验他们、磨炼他们，让他们在克服困难中快速成长起来。而从企业的角度来看，在瞬息万变的信息社会中，企业要想持续稳定的发展，少不了那些高潜人才的加持，因为他们的新思维和新视角，会使企业在全新的环境中，不至于迷失方向。尤其是在企业转型时，可以让高潜人才来推动转型，这样成功的概率会更大一些。

在培养接班人的能力方面，企业一般有五种方式：

第一，邀请高潜领导者参加企业高层的战略研讨，这样既能使这些高潜人才提升格局，还能拓展他们的视野。

第二，有别于传统的培训学习。所谓的有别于传统的培训学习，就是把那些高潜人才放到陌生的环境中，让他们快速适应，并快速做出成果。比如，联合利华印度公司培养管培生时，就使用了这个方法；也可以向高潜人才安排导师，让他们与公司高层管理人员共同讨论行业形势、当地业务战略以及自己的职业生涯规划。

第三，教练辅导。指的是当高潜人才在面临新岗位、新领导、新部门、新业务、新地区等诸多方面的挑战时，企业会特意给他们安排一位教练，指导他们适应变化。教练可以是人力资源部的专家，可以是业务领导者，也可以是外聘的、对公司情况比较了解的高管教练。

第四，鼓励高潜领导者自己寻找公司之外的学习机会。比如选择相关培训课程，或参加相关组织等。循序渐进的高管培训课程，通常能让高潜人士接触到新的管理思想、管理实践、管理工具及方法。如果能学以致用，假以时日，就会有较大的提升。有些培训项目还会有意识地把不同行业、不同文化背景的高管集中起来，让他们彼此分享、相互学习，这样可以拓宽视野，突破自己固有的思维定式。而在这种经历中结下的友谊，有时甚至能持续终生。比如，哈佛商学院的AMP项目就是这样。在项目正式开始前，会提前几个月将参训的高管们进行分组，尽可能保证多元化。与此同时，还会布置小组作业，让身在不同国家的小组成员们共同完成。项目结束后，很多人成了好朋友，并会长期保持联络。

第五，通过公司内部培训。企业内部培训做得很好的话，也可以成为培养高潜人才的重要手段。最为大家熟知推崇的，就是通用电气公司。该公司高质量的内部培训，不仅能让高潜人才通过实战案例，使自己的能力迅速得到提升，还能认识很多不同部门、不同职能的同事，有效拓展自己在公司内部的人脉网络。在培养接班人的过程中，企业领导者要密切跟进每位高潜人才的成长，对于其工作表现及成长情况，需要定期考察，及时反馈。建立高效的高潜人才管理机制，通用电气公司在这一点上非常重视。

另外，对于那些正在经历关键跨越的高潜人才，企业要重点关注他们具体在哪方面取得了显著的进步与提升。比如，是不是在收集信息、分析情况、整理头绪、形成思路及聚焦重点方面形成了一套快速有效的方法。

对高潜人才的持续关注，可以借助数字技术，比如他们的基本情况、目前的工作安排及下一步的提升重点等。但更重要的是定期面对面沟通，因为当面沟通才是增进了解的最有效方式。

第三节　坚守，化解高管动荡危机

对于企业高管的动荡，企业有何良策可以应对呢？

一、优化高管激励体系

高管的问题还是要立足高管本身来探寻解决方案。其实，在我看来，高管最渴望的是所在企业能够建立事业激励机制，其次是搭建文化激励体系，最后才是充满挑战性的薪酬体系。如图 5–3 所示：

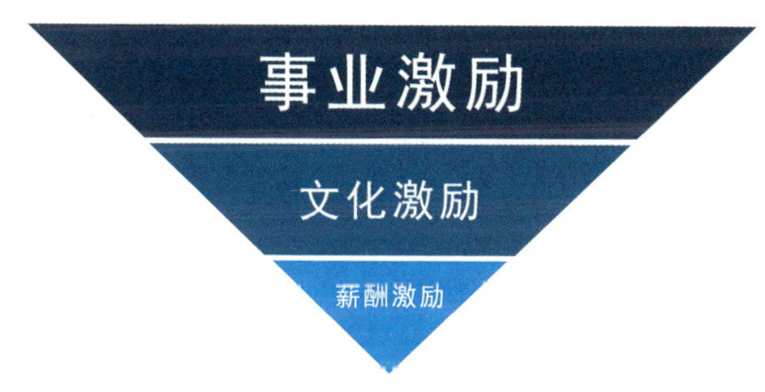

图5–3　优化高管激励体系

为什么高管把对薪酬的要求放在最低呢？这是因为，对于高层管理人员来说，他们早就已经实现了财务自由，所以薪酬激励对于他们来说，已经没有什么吸引力了。他们更需要的是一个能够实现自身价值的平台，并通过这个平台成就自己的事业。当然，这份事业最好能够得到社会的认可。所以，对于高管的激励方案，必须综合高管的内在需求、外在满足与自我平衡来制定。这个关键点也是我们一直以来给客户提供的解决方案。

二、打造高管供给流水线

在关键时刻，创始人往往能够力挽狂澜，应对重重危机。但是，这也从侧面看出其还没有建立完善的高管继任体系。在企业的发展过程中，往往会导致高管动荡引起企业危机。任何一家企业，都有其成功之处，但如果没有处理好接班人的管理机制，过往的成功，也往往会转为危机。

放眼世界范围之内，能够取得成功，同时又能保持可持续发展的企业，无不建立了完善的领导梯队发展体系。领导梯队体系应该是有层次、结构和系统的，而不是简单的生搬硬套。构建一体化的领导系统，主要有三个重点：

第一，持续投入。领导梯队建设是一项隐性的工作，平时很难看到其有形的价值。基于此，很多企业不愿意投入更多的精力，这样就会导致一旦高层管理人员出现动荡，企业就会面临危机。

第二，分步推进。高层管理系统建设是一个循序渐进的过程，不能操之过急，毕竟“罗马不是在一天之内建成的”，而是一个不断优化、不断迭代的过程。所以，我们要萃取每一个阶段的成果和经验，为下一个更高的阶段做好铺垫。

第三，定期复盘。每一个纳入高管梯队的领导者，企业都需要定期评估他们学习的成果和工作绩效。如果表现优异，就将他们推进到一个更高的层级；如果不达标，就分析其个中原委和不足之处，或保留在同一个级别、或纳入下一个级别、或剔除出高管领导梯队发展对象。采取优胜劣汰的办法，形成一套动态的高管领导生产体系，如表 5–1 所示：

表5–1　高管领导生产体系

	个体	团队	组织	股东
高管职责	对自己从事的职业、承担的角色和能力有一个清晰的判断	精准判断团队成员谁上谁下	确保组织中每一位成员的素质与能力达到组织业务发展的要求	明辨关键股东的风格，开展关键合作领域的对话
战略定位	锚定职业发展与生活的决定性因素	定期复盘团队与事业发展之间的状况	投入与整合资源，确保战略执行到位	共同勾画、制定和执行战略
危机应对	对危机的出现进行反思与总结	掌握团队如何协同作战以及危机时期的表现	凝聚组织向心力，协同应对危机	在危机时期，处理和关键股东的关系

对于企业的持续健康发展来说，未雨绸缪是一个永远都不会过时的策略。尤其是高管梯队建设，更是企业发展过程中不可忽视的环节。只要确

保这个环节没有出现问题，那么即使企业面临再大的困难，也一定能够转危为安；如果这个环节出现了问题，那么即使外表再风光，内部也是危机四伏。所以，只有确保企业核心领导团队的稳定，才是企业可持续发展的根本性保障。

第四节　突破局限，重构组织发展战略

作为企业的接班人，除了拥有扎实的领导才能之外，还必须拥有商业思维，因为企业的发展，在成立的第一天开始，就必须面对激烈的市场竞争。所以，一个企业的领导者，如果没有商业思维，他是不可能带领企业不断发展的，也不可能实现企业的可持续发展。

那么什么是商业思维呢？要回答这个问题，我们首先需要理解商业思维的内涵。

接班人在接掌企业后，接下来的工作能否顺利展开，或者能够带领企业继续发展下去，除了领导才能之外，更取决于他的商业思维。目前，很多职业经理人都普遍存在一个短板，就是缺乏系统性的商业思维。

那么，什么是商业思维呢？顾名思义，商业思维就是一个系统的、成熟的经商之道，它包含了经营的战略和盈利的战术。

犹太人被誉为“天下第一商人”。犹太人最明显的特点，就是他们都具备系统的商业思维，而且能够将平凡的事情做到极致，所以白手起家对

他们来说，是一种常态，而不是一种奇迹。

著名的“石油大王”洛克菲勒，从16岁开始就参加工作，而他所做的工作，主要是以打杂为主，可以说是最底层的工作。但是，洛克菲勒却十分珍惜这份工作，对于自己经手的每一件事，他都能够认真负责，而且做起事来有条不紊，所以深得老板信任和器重。最后一步步登上人生的巅峰。

犹太人之所以能够在商业领域影响深远，主要取决于他们的商业思维，正是商业思维的高度决定了他们在事业上的广度和深度。

犹太人的商业思维对企业接班人的商业思维的培育有什么借鉴意义？如何培育接班人的五大商业思维呢？

一、无中生有

犹太人做生意，虽然大多数是白手起家，但很多时候并不单纯只靠自己，而是巧妙地将自己与那些成功者捆绑在一起，从而形成一个不可分割的利益共同体。当这个利益共同体建立起来之后，他们就可以借力生钱，获得创业所需的启动资金，这就是所谓的“无中生有”。

再反观我们自己，很多人在创业时，本来有一个比较好的想法或者理念，但在被身边人怀疑之后，就对最初的坚持产生了动摇，甚至会自我否定。其实，创业本身就是无中生有的一个过程。我们不妨看看那些大企业家，谁的事业不是通过自己创造出来的呢？

早在两千多年前，老子就发现了“无”和“有”的妙用，并认为这是“众妙之门”。实际上，“有”和“无”可以理解为世界上一切正在不断变化和发展的事物或现象。拥有商业思维的人，往往能够透过纷繁复杂的形势抓住商业之“道”，想别人所不敢想，做别人所不敢做，从而在茫茫商海中脱颖而出。

商场风云变幻，形势迷离不定。只有那些具有非凡智慧和冷静头脑的人，才能够拨云见日，准确把握市场发展的脉搏，进而立于不败之地。林世荣之所以敢逆潮流而动、屡出怪招，却又能屡屡获胜，就在于他善于观察和思考，能够洞察先机，透视市场发展的本质和规律，所以才能够做到无中生有。

其实，创业的过程，就像鲁迅先生所说的那样：“遇见深林，可以辟成平地；遇见旷野，可以栽种树木；遇见沙漠，可以开掘井泉。”总之，只要我们坚定自己的信念，就可以将“无”变成“有”。

二、以小见大

老子说：“图难于其易，为大于其细。天下难事，必作于易；天下大事，必作于细。”意思是说，解决难题要从容易的地方入手，处理大事要从细小的地方开始。天下的难事，必须从简易的地方做起；天下的大事，必须从细微的部分做起。

老子的这种思想，可以说被犹太人学到了极致。凡是跟犹太人打过交道的人，都会对犹太人对待小事和细节的重视留下深刻的印象。其实，在犹太人的思维里，生意没有大小之分，只有用心和不用心之别。只要用心，哪怕再小的生意，也会慢慢变成大生意，甚至成就自己伟大的事业；如果不用心，连小生意都做不好，又谈何大生意呢？所谓“一屋不扫，何以扫天下”，天下的大事业，往往是从“扫洒应对”这些小事做起的。

我们也可以看看大公司是如何从小处做起来的。台湾地区的首富王永庆就是一个善于从小事做起，并最终把小事做成伟大事业的人。

王永庆在创业之初，是从卖米开始的。当时，每次装大米时，他都会亲自动手把掺杂在米里的碎石挑出来，省去了主妇在淘米的时候用手去分离碎石的麻烦，这让他的大米质量得到了顾客良好的口碑反馈。

在经营米店时，王永庆还亲自为客户送货上门，并细心地把顾客米缸里的陈米倒出来，把米缸擦干净之后，再把新米倒进去，最后把陈米铺在最上面，这样就有效地防止了陈米因长久不食用而变质的情况。如果是新客户，他在送完米后，会详细地了解这家人有几口人吃饭，包括大人几个、小孩几个，每个人饭量如何，等等。然后估算出这家顾客下次买米的大概时间，记在本子上，不等客户上门来买米，他就会主动把米给顾客送到家。

正是因为王永庆脚踏实地，把每件小事都做好，甚至做到极致，所以最终成就了一番伟大的事业。

曾国藩说："大处着眼，小处着手。"这里的"大处着眼"，指的是要有境界和格局；而"小处着手"，则指的是脚踏实地的实干精神。而作为企业的领导者，不仅要有极高的境界和格局，同时也要具备从小事做起的实干精神。

三、舍我利他

那是 2004 年，我参加清华大学 EMBA 的一堂体验课。有一位老师，让我们比赛"扳手腕"，在一分钟之内，赢得对手次数多者为胜。绝大多数的同学都是拼尽全力去赢对方，想赢的拼尽全力，不想输的也是拼尽全力，最后结果就是我们个个面红耳赤。老师最后告诉我们，这个其实并不难，在一分钟之内，我们都可以赢对方 60 次以上。那就是双方互赢，互赢就是利他。时至今日，这堂课已经过了 17 年有余，当时的情景至今还栩栩如生地留在我的脑海中。

所谓“在商言商”，任何一种商业活动，最终的目标是利益。所以在付出与回报之间，往往需要权衡，也就是我们平常所说的投资回报率。当我们付出的成本与回报不成正比时，往往就会产生这样的疑问：“这样付出值得吗？”然而真正的商业思维是一个完整的系统，不仅仅要看眼前的收益，也要看长远的收益；而很多商业活动，从眼前的角度来看，就需要我们不断的付出，改革开放初期，很多外资企业进入中国是亏损的，但是依然坚守。近年来，国内一些新兴的互联网公司，例如京东，亏损多年，最终实现盈利。彩虹股份也是连年亏损，2021 年中报告盈利 26 亿多元。所以，真正的商业思维，其实也是一种复利思维、一种长期思维、一种利他思维。

清朝著名的“红顶商人”胡雪岩，一直以来，都被认为是中国式的“商圣”。在他的商业思维中，就把“舍得”这两个字做到了极致。

有一次，一位商人主动上门，要将自己的产业以极低的价格转让给胡雪岩，因为他急需一大笔资金作为周转。胡雪岩在了解了情况之后，坚持按照市场价来收购对方的产业，那个商人又惊喜又疑惑，不理解胡雪岩为什么要这样做。胡雪岩则坦然一笑，然后告诉那位商人：“您的这些产业，我先帮您照看着，等您渡过这个难关之后，随时可以赎回去。”那个商人听罢，非常感激，签完协议后，就含泪离开了。

等那位商人离开之后，对胡雪岩的做法同样也疑惑不解的手下便问道："为什么您不趁机压价，反而按照市场价来收买呢？"胡雪岩微笑着解释道："那位商人的产业，可能是通过几代人的努力，才慢慢积攒下来的，我要是占了他便宜，那么他可能一辈子都翻不了身了。我之所以收购他的产业，并不是为了投资，而是拉他一把，这样我不但交了一个朋友，还对得起自己的良心。要相信，只要我们肯为别人付出，别人也会为我们付出的。更何况，谁都有困难的时候，所以能帮点就帮点吧！"

后来这位商人东山再起，对胡雪岩加倍回报。

胡雪岩的为人处世哲学让他赢得了大多数人的尊敬，他的经商之道在于舍得，正是宁愿亏本也不能亏人品的商业思维，让他的生意越做越大。其实，在生意场上，并不是只有竞争和掠夺，更多的是合作共赢。

四、变革创新

人是有生命周期的，企业和人一样，也是有生命周期的，因为企业是由人组成的。显然，企业的战略也是有生命周期的，天下没有一劳永逸的战略。技术会过时淘汰，组织能力、组织战略也是有保质期的。

管理创新与组织变革是企业发展的必由之路。

2012 年是中国体育运动品牌的转折点，在这个节点上，体育产业长期以来积累的泡沫问题一下子爆发。各大运动品牌由于品牌形象老化，同质化严重、消费方式转变以及销售渠道单一等问题，导致了产品库存飙升。

其中，某些公司就在2012年陷入关店潮、股价暴跌等困境，随后开始大刀阔斧地进行战略重塑改革，如图5-4所示：

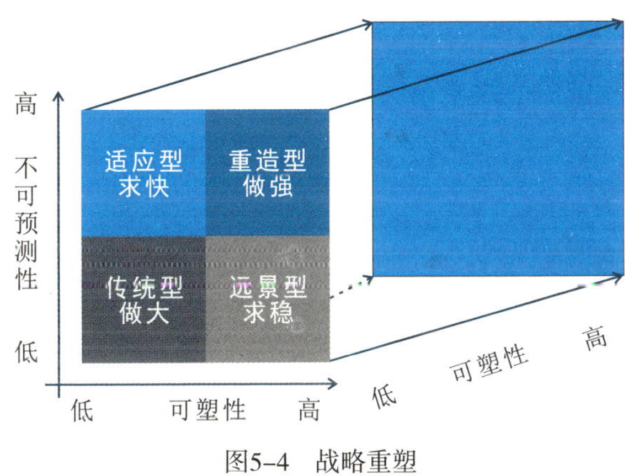

图5-4　战略重塑

一个企业，如果没有创新，或者不懂得如何创新，那么这个企业也是没有未来的。当然，一个企业是否拥有创新的动力，取决于企业的领导者是否敢于创新。如果企业的领导者敢于创新，那么整个企业就会形成一种创新的氛围，在这种氛围的加持下，企业就会焕发出勃勃的生机；如果企业的领导者故步自封，畏首畏尾，那么整个企业就会死气沉沉，毫无生机，迟早会被时代所淘汰。

传统的商业模式，基本上都是从1到N的过程，也就是通过复制之前的经验，不断扩大市场的影响力。而在互联网时代，很多企业都是从0到1的过程，比如苹果、微软、亚马逊、阿里巴巴、腾讯、百度等这些知名的大企业，都是从一个前所未有的想法入手，打造出全新的商业模式。对于这种企业，接班人在掌管公司后，必须进行再创业，继续创新，才能让企业更上一层楼。

李锦记在华人社会乃至全球，可谓家喻户晓，几乎所有餐厅、家庭都有李锦记生产的调料。这个有着130年历史的老字号，在其第三代领军人物李文达的带领下，异军突起，发展成为中国的知名企业。为什么李文达能够将李锦记这个品牌打响呢？原因就在于他的创新精神。李文达在全面接手李锦记后，就研发出新配方蚝油，极大地降低了成本，物美价廉，一举击中中低端市场。随后不断地推陈出新，通过对商业模式进行创新，彻底将李锦记打造成中国的知名品牌。

李惠森成为李锦记的第四代接班人后，又将“永远创业”视为李锦记的家族精神，并提出了“六六七七”理论，即不要等到十拿九稳才去行动，只要有六七成把握，就要开始执行，因为环境是在不断变化的，等到十拿九稳时，很可能已经失去了最佳时机。

在这个世界上，唯一不变的就是变化。无论企业处于哪个阶段，只有主动积极地适应变化，勇于创新，敢于重塑才能在不断变化的环境中得以生存发展。

五、洞察先机

晚清学者陈澹然则从谋事的角度，提出了自己的看法：“不谋万世者，不足谋一时；不谋全局者，不足谋一域。”强调谋事者要具备对未来趋势的预测能力和分析能力，才能有针对性地选择方向。所以，作为企业的领导者，还要拥有洞察先机的本领。

20世纪70年代初，本田公司生产的摩托车在美国发展得非常顺利，简直可以用势如破竹来形容当时市场的大好前景。正当本田公司的全体职员雄心勃勃，要进一步开发美国市场时，本田宗一郎却提出暂时放缓对美国市场的扩张，并把重心转到东南亚市场。然而，本田宗一郎的策略刚刚公布，公司内部就一片哗然，许多人想不通，为什么本田宗一郎要放弃市场前景很好的美国，而开发经济刚刚复苏的东南亚地区。因为他们认为，美国当时是十分富有的国家，摩托车在美国已经开始普及起来，而当时的东南亚地区，人们的生活还十分拮据，摩托车对于当地的居民来说还属于高档消费品，根本就没有市场前景可言。

对于员工们的这种疑虑，本田宗一郎也早就料到了，于是他不慌不忙的拿出一份市场研究报告，指出美国的经济即将发生新一轮衰退的现象，如果仍然紧抓住美国这个市场不放，公司可能就会遭受巨大的损失，而对于东南亚地区来说，虽然经济刚刚开始复苏，但已经慢慢发展起来，在不久的将来就会实现全面的腾飞。因此，只有及时改变经营战略，才可以规避风险，并让公司继续向前发展。

果然，一年之后，美国的经济状况急剧恶化，造成许多公司因产品大量积压在美国而面临倒闭的窘境。而本田公司则因按照本田宗一郎的转移战略，不但没有遭受到损失，反而使本田摩托车在东南亚地区的销售量创下最高纪录。

本田宗一郎之所以能够意识到市场前景十分看好的美国隐藏着的危机，是因为他时刻都在关注世界经济的发展状况，因此能够从各种迹象中看到事物发展的规律，从而进行战略转移，不但有效地规避了风险，而且还发现了新大陆。因此，作为企业的领导者，一定要拥有长远的目光、洞察先机的本领，才能确保企业在风云变幻的格局中立于不败之地。

第五节　把握大势，引领组织持续发展

作为企业的领导者，对于企业未来的发展趋势，一定要有一个清晰的认识，这样才能引领组织持续发展。可以说，领导者的思想高度和对市场的敏锐度，决定了企业能走多远。一个企业要走上发展的康庄大道，少不了领导者在关键时刻的理性决策。所以，作为企业的领导者，在生活中可以是一个感性的人，但在工作中，尤其是要做出某项决策时，是不能感性的，必须经过理性的思考，才能做出决策，否则一旦做出错误的决策，就会使企业遭受巨大的损失。

那么，企业的领导者，怎样才能做到在关键时刻做出理性决策呢？

一、认识到感性决策带来的风险

德鲁克说："要看'正当的决策'是什么，而不是'人能接受的'是什么。"从德鲁克的这两句话中，我们可以看出，所谓的"正当的决策"，就是理性的决策，也就是站在客观的角度来看待事情的是非对错；而所谓的"人能接受什么"，就是感性的决策，也就是从个人的主观好恶来看待事情的是非对错。

从本质的角度看，感性决策和理性决策，区别就在于感性决策即使成功了也不可复制，因为它全靠感觉和运气；理性决策则是可以归纳和总结

的，有一定的模式，可以为后续决策提供借鉴。

在现实的案例中，有很多领导者在做决策时，往往会对结果有一个预判，然后带着想要看到的“美好”结果而做出决策，这实际上是非常不理智的行为，属于感性决策，最终结果也往往事与愿违。所以，作为领导者，一定要清楚地认识到感性决策给企业带来的风险和危害。

2012年，美的创始人何享健正式退休，但他没有交班给自己的子女，而是选择了方洪波，让他接班，成为美的集团董事长。方洪波也不负众望，带领美的开启了新的征程。

在方洪波的带领下，美的的品牌影响力迅速扩大。2016年，美的首次进入世界500强企业，位居481位，并以222亿美元的营业收入跻身全球最大的家电公司之列，这也是历史上第一家进入该榜单的中国白色家电公司；2017年，美的在世界500强中排名第450位；2018年，排名跃升至323位。

方洪波在执掌美的后，对美的进行了变革，他把握了市场的趋势，提出产品领先、效率驱动、全球经营的战略，认识到白色家电企业从规模效应转向产品驱动增长。要保持产品领先，2014年美的投资30亿元，建立了全球创新中心；2018年，美的对研发的投入高达100亿元……方洪波掌舵美的之后，美的开始从中国家电企业，向全球化科技集团转型。

美的之所以能够进入世界500强，从白色家电制造企业成功向全球化科技集团转型，就在于方洪波能够把握趋势，引领美的不断向前发展。作为美的掌门人，他明白美的的未来是要全球化，并且要突破传统家电制造的困局。方洪波明确指出，美的未来是要全面数字化和全面智能化，这是大势所趋，这也是美的向全球化科技集团转型的必然结果和要求。

自从2007年以来，美的先后通过与美国的开利、德国的博世、韩国的酷晨以及日本机器人制造商安川电机等众多品牌达成合作，并实现了该公司在全球市场的布局。

方洪波很早就看到了产业发生转移的趋势。从欧美到日韩，从日韩到中国，未来极有可能再从中国转向别处。在看到诸如GE、西门子、东芝、松下这些曾经的家电业巨头纷纷抛弃劳动密集型产业另辟蹊径之后，方洪波才坚定了要收购德国机器人制造商库卡的念头。可以说，方洪波决定以45亿美元收购德国机器人制造商库卡，就是一个十分理性的决策。因为库卡作为德国工业4.0的先驱企业，他们生产的机器人被奥迪、宝马和美国飞机制造商波音使用，而中国也正在掀起一场智能制造的革命浪潮，在政府的支持下，各大企业都在引进机器人，在人口红利逐渐消失时，试图用机器人来降低成本，实现工业升级，这场革命规模十分浩大。所以，方洪波收购库卡，就是要将美的打造成一家工业自动化平台和服务的提供商，使美的集团实现全面数字化和全面智能化。

何享健没有将美的的接班人交给自己的子女，可以说是很理性的决策；而方洪波成为美的接班人之后，在认清未来家电业的发展趋势后，做出了走国际路线的决策，也是非常明智的。正是这两位领导人的理性决策，才使得美的之路越走越宽。

二、掌控竞合之道

竞争与合作，其实是一体两面，只有把这两面平衡好，才能使企业进入良性循环的轨道。否则，如果只是单方面竞争，往往就会导致两败俱伤，最终的结果就是“鹬蚌相争，渔翁得利”；而如果只是合作，就会导致垄断，这对市场的发展也是相当不利的。所以，最好的状态，就是跟其他的同行，既有竞争，也有合作，也就是在竞争中合作，在合作中竞争。这样才能使企业保持高度的敏捷性和进取精神。

众所周知，美国的微软和苹果两大公司自20世纪80年代起，就一直是个人计算机领域的一对“冤家”，比尔·盖茨和乔布斯为了占据这个前景广阔的新兴市场展开了激烈的竞争。两家公司互不相让，常常是针尖对麦芒。然而，长期的厮杀，使双方消耗了无数的资源和技术开发能力。

到90年代中期，微软公司凭借着先进的技术，在市场上逐渐占据明显的领先优势，近90%的市场份额被他们占领，而苹果公司则很难组织起有效的攻势，不得不偃旗息鼓，实力渐渐衰落，走在破产的边缘。就在人们猜想微软一定会为苹果的衰落而欢呼雀跃时，出乎所有人意料的事情发生了——1997年，比尔·盖茨竟然宣布，微软将向苹果投资1.5亿美元，要把这个昔日的竞争对手从几乎倒闭的状态中拯救回来。比尔·盖茨的这个决策，很快引起了外界人士的猜测，人们众说纷纭，可是最终都没有得到一个令所有人信服的答案。不过，人们很快就发现，微软对苹果公司的投资，获得了巨大的回报，苹果公司研发出了性能和价格都十分受消费者欢迎的新产品——Office2001。这个产品与微软的操作系统同步被推向市场，从而带动了微软系统销量的增长。这样，昔日斗得你死我活的微软与苹果就实现双赢，两家公司的关系也渐趋稳固。

商业竞争的最终目的并不是为了打垮对手，而是为了占据更高的市场份额，获取更多的市场利润。但许多公司似乎并没有意识到这一点，他们只是关注竞争本身，杀得性起，结果常常导致两败俱伤。俗话说，和气生财。实际上也是如此，和气，不但能生财，也能守财。实际上，每个公司都有自己的长处，而聪明的企业家，不但要善于扬长避短，更要善于取长补短，与其他公司展开合作，强强联合，这样才能达到双赢的效果。

经济全球化和信息技术的迅猛发展，是企业形成竞合关系的两大原动力。在传统的企业战略研究中，大家认为市场蛋糕是固定的，你多分一块就意味着我要少分一块，所以很多企业千方百计打造自己的竞争优势，战胜对手，赢得市场。但从竞合理论来看，蛋糕是可变的，竞争的双方或多方可以通过协同效应、规模效应、创新效应等方法共同做大“蛋糕”。也就是说，传统的企业战略秉承的是一种静态的观念，市场是有限的，你多占一点，我就少占一点；而竞合的理论则是一种动态的战略观，可以通过竞争与合作，将市场无限放大，主张通过改变博弈来实现各方的共赢。

1. 从博弈理论看竞合关系。

从现代博弈理论来看，事件参与者的总体收益，可分为零和博弈、负和博弈、正和博弈三种情形。

零和博弈指的是在较量中，参与者的状况都未改善，或一方所得源于他方所失；负和博弈指的是参与者两败俱伤，总收益不增反降；正和博弈则是参与各方通过合作性而非破坏性的竞争，实现共赢。从这三种博弈中，我们不难看出，正和博弈就是竞合关系。

一般情况下，竞合关系体现为三个特点：第一，竞合关系的生成一般发生在某一领域内的动荡期，竞合的各方在共同利益的基础上有条件地走在一起；第二，竞合关系的结构是一种复杂的关系，竞争与合作是随着格局的变动而变动的；第三，竞合关系的重心在于“合”，以什么样的方式“合”，涉及相关方的利益、立场、实力、交流等诸多要素。

2. 发挥竞合关系的价值。

企业在发展过程中，要充分发挥竞合关系的价值，要整合同行和上下游产业链资源，在竞争中寻找合作的可能，在合作中保持竞争的警觉。

面对同行时，我们要打破过去的“冤家”思维，和同行结成联盟，共同对抗外来竞争者。比如，当下很多行业协会、联盟的成立，正是基于竞合的思想而产生的。

随着数字化智能时代的到来，竞合关系呈现出一种区块的状态，企业以信息技术为核心，寻找周边可结合的产业和行业，进而构建新的经济引擎。

总之，企业要想保持良好的发展状态，就必须充分发挥竞合关系的优势，将过去的“冤家”变成合作者。当然，在“竞”与“合”的权衡与侧重上，还要充分考量企业自身发展的需求和社会资源的配置。只有这样，才能真正实现企业的共赢局面。

第六章　社会认同

社会是企业家施展才华的舞台。所以，只有那些真正履行社会责任，并真诚回报社会的企业家，才会得到社会认可，才是合格的企业家：如图6-1所示：

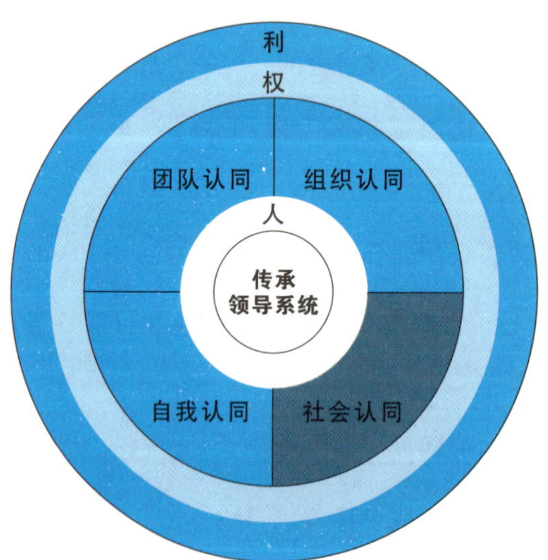

图6-1　传承领导系统模型

可以这样说，凡是真正有所作为的企业家，对社会都是充满着无限责任的，比如我国的曹德旺、任正非、王永庆等这些一流的企业家，都把自己所获得的成就归功于社会，并回报社会。

所以，不管是企业家，还是其所掌管的企业，只要履行对社会的责任，就能够得到社会的认同，就能够建立起良好的口碑，就能够获得长远的发展。

第一节　追求大善，创造社会价值

作为企业的领导人，要想成为真正的企业家，必须舍弃小我。“夫英雄者，当胸怀大志，腹有良谋，有包藏宇宙之机，吞吐天地之志者也”。所谓的大我，就是企业家的格局，他们的所思所想，以及所做出的每一项决策，都不是为了自己的利益，而是为了企业的利益、国家的利益以及社会的利益。

所以，真正的企业家，必须具备家国情怀，时时刻刻不忘国家的恩情、社会的培养，以及员工们的付出，并承担起属于自己的责任。

2007年，“五一”长假刚过完没几天，福耀集团的董事长曹德旺便接到来自北京分公司桑总的一个电话，向曹德旺汇报一个情况：该公司于两个月前招了一个河北籍的应届毕业生，名叫田军，“五一”假期回家时生了病，到医院一检查，发现是白血病。因家庭比较贫困，所以无法住院治疗。当时，田军只是福耀北京分公司的实习生，还没有正式报到。所以，北京分公司负责人没有主意，只好向曹德旺请示，能否考虑提供一些帮助。

曹德旺当即指示：直接安排田军住院治疗，所有费用，全部由公司承担。桑总原本以为曹德旺只是象征性地提供点帮助，没想到他却把所有的费用全部承担下来，于是赶紧解释，所有的费用需要几十万，但曹德旺仍然坚持全部承担；桑总于是又提醒他，田军只是一个实习生，还没有跟公司签正式合同。

曹德旺听后，也反过来提醒桑总：“我爸爸当年告诉我，如果你是开店的，开门看见门口躺着一个人，你一定要先给他喝点水，等他有口气了，再将他送到医院去。跟公司无关的人，我们都要帮助他，何况他还是在我们公司实习的呢！”

就这样，田军被安排住进了北大第一医院接受治疗。之后，曹德旺又指示北京公司的负责人，亲自找到主治大夫，进一步了解田军的病情和治疗的进展情况。医生告诉他们，如果顺利的话，预计需要一年左右的时间，总花费需要七十万到八十万元。听完医生的介绍，北京分公司的负责人又向院方转达了曹德旺的意思：“请全力挽救田军的生命，所需要的一切费用，由公司全部承担。”

随后，他们走进病房，来到田军的病床前，看望田军，并安慰田军的妈妈，让他保重身体，鼓励田军好好配合治疗，并向他转达了曹德旺的意思。他们的话音刚落，田军的妈妈顿时感动得热泪盈眶，随后扑通一声跪在了地上。桑总赶紧扶起田妈妈，并继续安慰她，让她不必再有任何担忧：治疗的事，医院会全力以赴；费用的事，公司会全部承担。田军需要做的，只有一件事，就是配合治疗。

接下来，田军的治疗情况，一直在向着好的方向发展。第一次化疗，就取得了非常好的效果，血液内的生化指标良好。而且，十分幸运的是，在进行骨髓配对时，田军唯一的姐姐所提供的骨髓，非常吻合。这就意味着，田军有救了。当时，主治大夫董医生曾感慨地说："田军是不幸的，因为他这么年轻，就得了这样的病，但他又是幸运的，他姐姐的骨髓配对是如此吻合；更幸运的是，田军遇到一个好企业、一位好老板。作为医生，这种事我们见得太多了，很多病人因为没钱治病，只能回家等死；但你们福耀却能做出如此善举，实在是为中国的企业树立了典范，作为福耀的员工，田军是幸运的。"

一年多后，一个高高瘦瘦，稍显羸弱的年轻人，微笑着走进福耀北京公司。很多员工一时没有反应过来，等仔细一看，才发现竟然是田军。随即，全体员工顿时兴奋得欢呼起来。在此之前，田军虽然很清楚，在这一年之中，自己并不是一个人在与病魔进行搏斗，还有公司作为自己坚强的后盾，但此时，他又有了新的认识，那就是公司的全体员工，始终和他并肩站在一起！

福耀集团为什么越做越大，越做越强，成为行业的龙头呢？其实，原因很简单，对于一个实习生，福耀尚且如此善待，更何况是正式的员工？而一个能够善待员工的企业，也一定能够善待客户、善待股东、善待供应商，并在社会上承担起了弘扬正能量的责任。这样的企业，想做得不好都难。

除了企业的辉煌成绩，曹德旺被人们讨论最多的就是慈善事业。从1983年至今，曹德旺累计捐赠超百亿，具体数额，连他自己都未必知道。也因此被称为中国"首善"。在他自己看来，这个社会还有很多事情等着他去做。

他常说："七十随心所欲而不逾矩，没有困惑，已经是可以死的人了，我现在做的一切只是为了社会进步，这是一种责任"。

有一次他在清华的课堂上演讲，一个 EMBA 的学生递给他一张纸条，问：您有没有想要培养一些小曹德旺？他回答道："我非常想，不仅是想培养一个，最好是几百个，上千个。"

无独有偶，2021 年 9 月 6 日京东集团发布人事调整公告：京东零售 CEO 徐雷升任京东集团总裁，将负责各业务板块的日常运营与协同发展。京东集团董事局主席兼 CEO 刘强东将把更多的时间投入到长期战略计划设计、年轻 CEO 培养和乡村振兴事业中去。

企业家履行企业社会责任，只要维持企业不倒，就是在为社会做贡献，哪怕是只有两三个人的小微企业，其实都是一样的。"强国有我"体现的就是这种人人都应该有的担当。

第二节　突破困境，布局多元发展

企业的经营不要仅仅局限于一种产品或一个产业，而是要敢于跨产品、跨行业进行多元化经营。

近年来，随着我国对外开放程度的不断加深，多元化经营的理念也逐渐影响着国内许多企业的经营发展。

一、多元化经营的路径

企业进行多元化经营的方式多种多样，但主要有以下四种战略推进路径类型，如图 6–2 所示：

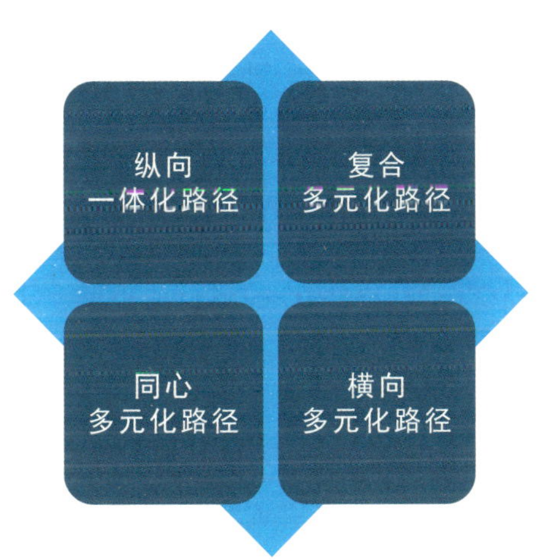

图6–2 战略推进路径类型

第一，同心多元化路径。也可以称为集中多元化或同心多样化战略，是指公司增加与企业现有产品或服务相似的新产品或服务。企业在考虑实施同心多元化战略时，新增加的产品或服务，要在企业现有的专门技能和技术经验、产品系列、分销渠道或顾客基础之内。例如，汽车制造厂在生产汽车的同时，可以生产拖拉机等相关产品，但不能去生产手机。稻盛和夫先生在谈到京瓷的多元化发展之路时就说过，京瓷的多元化发展是基于精密陶瓷技术，是在陶瓷行业的“延长线”上谋求发展。

第二，横向多元化路径。这是指企业生产新产品销售给原市场的顾客，以满足他们新的需求。横向多元化经营战略在开发新产品时有三种方式：一是基于现有产品进行开发，二是基于现有市场进行开发，三是基于新开拓的市场进行开发。所以，横向多元化经营的原产品与新产品虽然基本用途不同，但是在销售上却有着一定的关联性，甚至还是同一个用户群体。比如，某食品机器公司，原有产品是食品机器，主要销售对象是食品加工厂；后来该公司进行多元化经营，先是生产收割机卖给农民，再生产农用化学品，还是卖给农民。

第三，纵向一体化路径。这是一种向前或向后两个方向扩展企业现有经营业务的增长战略。前向一体化是指组织的业务向消费它的产品或服务的行业扩展，比如钢铁厂设金属家具厂和钢窗厂；而后向一体化是指企业向为他目前的产品提供作为原料的产品或行业扩展，比如钢铁厂投资钢矿采掘业。

第四，复合多元化路径。这是一种增加与企业目前的产品或服务显著不同的新产品的增长战略。在企业多元化经营战略选择中，这一战略似乎最受企业青睐。从企业的角度来讲，当企业存在拥有强大的资源和能力时，选择这一策略可以让企业的优势资源得到共享，最大限度地利用企业资源。通常来说，企业采用复合多元化战略，主要是基于以下三个原因：第一，企业原有产品的市场需求，处于长期停滞甚至下降趋势；第二，所出产业集中程度高，企业间相互依赖性强，竞争激烈；第三，环境因素的多变性和不确定性，迫使企业更加注重长期收益的稳定性。

二、多元化经营的战略意义

美的集团自 1968 年创立以来，从一个生产塑料瓶盖的小作坊成长为国内首屈一指的家电巨头，发展成为全球领先的科技集团，离不开美的多元化经营策略。从 20 世纪 90 年代末开始，美的就通过并购扩张，逐渐走向多元化发展道路。

如今，美的已经发展成为一家消费电器、暖通空调、机器人与自动化系统、智能供应链（物流）的科技集团，提供多元化的产品种类与服务，包括以厨房家电、冰箱、洗衣机及各类小家电为核心的消费电器业务；以家用空调、中央空调、供暖及通风系统为核心的暖通空调业务；以库卡集团、美的机器人公司等为核心的机器人及自动化系统业务；以安得智联为集成解决方案服务平台的智能供应链业务。

从美的集团的经验中，我们可以看出，企业实行多元化经营，至少有五大战略意义。

第一，扩展企业发展空间。在经济高速发展的今天，各行各业的面貌都焕然一新，新的产业也不断涌现。如今，单一经营的模式已经不再适应现代企业的发展需求。实行多元化经营的模式，可以帮助企业拓宽经营思路，寻找新的发展方向，实现自身的产业升级。

第二，充分发掘各种资源。企业的经营模式如果过于单一，经营范围过于狭小，那么资源的利用也就受到极大的限制，从而影响了企业的发展空间。只有实行多元化经营的模式，才能促使企业深入挖掘自身潜能，从而制定出符合自身发展的新策略，有利于企业资源的合理开发和利用，实现生产经营的协同性。

第三，有效降低企业经营风险。单一的经营模式，就意味着“将所有的鸡蛋都放在一个篮子里”，一旦出现问题，便没有挽回的余地。而采取多元化的经营模式，则是将资源进行合理分配，投入到不同的市场中，这样就可以极大地降低企业的经营风险。

第四，提高资源的利用率。在单一的经营模式中，企业将所有的人力、物力、财力以及技术等资源，都用于主营业务中，而采取多元化经营的模式，可以将这些资源通过合理的方式配置到其他领域中，有效降低企业开拓新领域的成本，提高资源利用率，使企业获得更好的收益。

第五，创造更大的价值。在传统的单一经营模式下，如果市场饱和，企业的发展就会陷入停滞；而采取多元化的经营模式，就可以帮助企业更好地调整结构以适应市场的需求，从而创造更大的价值。

总而言之，实现多元化经营是现代企业发展的必经之路。正如稻盛和夫在其自传中所说的那样："一家公司要想兼顾企业的发展与稳定，就必须要走多元化之路。"

三、多元化经营的问题

多元化经营虽然能给企业带来更多的营收之道，但因为走多元化发展之路而失败的企业，也有不少。比如，日本著名纺织企业——钟纺公司，就是一个典型的案例。

钟纺公司曾经是日本的代表性企业，在第二次世界大战之后，钟纺开始走上了多元化发展之路。然而，由于钟纺公司的战线过长，跨行业过多，最终陷入困局。

"二战"结束后，钟纺的多元化发展，除了本身从事的纺织行业外，还包括医药品、化妆品、食品和房地产，相当于同时从事五个完全独立而又不相关的行业。然而，当时担任钟纺公司董事长的伊藤淳二，却过于自信，并把钟纺的战略称为"五角经营战略"，他认为钟纺未来可以在这五个领域全面开花，从而成为“五只脚走路”的企业。但事实却让伊藤淳二大失所望，由于钟纺战线过长，力量过于分散，不仅在进军的其他领域不能精进管理，连自身的核心竞争力也在逐渐丧失。作为纺织企业，钟纺的主营业务遭到竞争对手赶超，丧失强大的核心竞争力；在棉纺织领域，被日清纺织株式会社和东洋织株式会社追赶；在合成化纤领域，被东洋嫘萦等企业追赶；在化妆品领域，又被资生堂等企业逐渐拉开差距。

最后，钟纺进军的四个行业，不但没有一个行业取得成功，反而成了拖累，使钟纺公司元气大伤。

从钟纺公司的失败案例中，我们不难看出，多元化发展之路看似光明，却也充满了危险。很多企业在具体实施过程中，都在战略的适应性和多元化发展的方向选择上产生了问题，有的是战线过长，有的是缺少核心竞争力，还有的是多元化业务板块没有关联性。

因此，企业在选择进行多元化经营时，必须有一个前提，就是要确保自己的主营业务能够稳定增长。主营业务是企业最稳妥和有效的竞争指标，是企业生存和稳步发展的保证，多元化经营策略要取得成功，必须建立在强化核心竞争力的基础之上。

另外，需要注意的是，多元化经营的领域，一定要跟企业的主营业务有关联性和互补性，这样才不会导致在经营的过程中，使精力过于分散，最终导致失败。

四、多元化经营的取胜之道

一般情况下，企业要进行多元化经营，作为企业的领导者，至少需要三种能力，即资源整合能力、选择与决策能力、管理能力的建设。

第一，资源整合能力。企业多元化经营可以跨行、跨界，也可以跨国。在多元化经营道路的指引下，企业需要在新的领域不断进行深耕，由于跨行、跨界、跨国经营要在原有主业的基础上进行扩展，因此企业的多元化道路，其实也是一条整合多方面资源和力量而开拓出的新路。而这一系列业务的布局，考验着企业领导者的资源整合能力。

第二，选择与决策能力。在市场多元化大潮的影响下，无数企业纷纷投入其中，但真正获得成功的企业，并不是很多，而失败的案例却不少。寻根究底，主要有两方面的原因。一是急于求成。也就是说，很多企业进行多元化经营时，并没有制定一个切实可靠的计划，今天刚刚投入，就想着明天看到效果，甚至不顾事物的发展规律而拔苗助长，结果自然就可想而知了。二是盲目开拓。很多企业进行多元化经营，并不是出于自身的发展需要，而是盲目跟风。比如，有的企业是制造家电的，但看到别人卖手机赚钱，于是也跟着造车；看到别人卖车赚钱，也跟着造手机。结果，所有的投入，往往打了水漂。所以，在进行多元化经营时，必须有一个合理的目标，而且要明确自己要进军的这个领域跟自己主营业务的关系，要么是为了带动相关产业发展，要么是为了通过某种相关性形成规模效应，要么是为了降低风险从而创造出更好的发展机会，等等。只有在弄清这些问题之后，所做出的决策，才是靠谱的。

第三，管理能力。企业从原来的专业化经营转而走向多元化发展之路，有众多壁垒需要克服。一方面，需要有显著的规模经济、控制资本、资源、专利、许可证等；另一方面，企业还需要招募新的员工，或者对员工进行培训，建设新的营销系统等。这些都会使企业的人、财、物等资源分散，不但会增加整个企业的运营成本，还会增加管理难度，降低管理效率。因此，企业进行多元化经营时，需要核心领导一定要具备相应的管理能力，这样才能有效发挥协同效应，使企业在生产、营销、管理的不同环节、不同阶段以及不同方面，共同利用同一资源而产生的整体效应，最后实现“1+1>2”的效果。

从多元化经营的类型来看，无论是同心多角化战略、横向多元化经营战略、纵向一体化战略，还是复合多元化战略，都有一个共同的核心问题：经营过程的协同效应。多元化的协同效应可以通过众多资源的共享达到三种成果：一是降低经营成本，二是分散市场风险，三是实现规模效益。其中，资源包括人力、设备、资金、知识、技能、关系、品牌等。

协同效应包括三个方面：第一，在生产技术上协同，包括设计与开发、机器设备、技术人员等，提升其利用的整体性，可以有效减少投资，节约生产成本，提升技术水平等；第二，在市场上协同，包括销售渠道、顾客、销售等，让老产品为新产品带路、提供示范效应，新产品为老产品开辟新市场，从而可以减少营销费用，扩大市场占有份额；第三，在管理上协同，包括管理风格、手段、标准等，可以使管理人员更快地熟悉新产品、新业务、新市场，节省时间和精力，提升其管理效率等。

总之，多元化经营之路是一条充满了机遇和挑战的路，考验着企业的核心领导者对于未来经济形势的把控、对目标行业市场的洞悉、对团队的管理能力。所以，在多元化经营这条路上，只有踏遍险峻之路，方能磨砺自我，成就自我。

第三节　征战全球，打造国际团队

在我国经济迅速发展的大背景下，大批企业强势崛起，其经济规模不断扩大，资金实力不断增强。而企业在本土做大做强后，想要更上一层楼，就需要将眼光投向海外，进军国际市场。

然而，很多企业在走向国际化的过程中，却忽略了一系列的问题，特别值得一提的是文化差异与行事风格有显著的不同，如表 6–1 所示：

表6–1　东西方文化差异与做事风格的差异

风格维度	东方	西方
果断	低	高
忠诚度	–	–
适应性	低	高
情感韧性	高	低
情感共鸣	低	高
谦卑	高	低
自我认知	低	高

这也就意味着，我们经营企业在国内能够成功，并不等于在国外也能成功；能够收购国外企业，并不意味着可以管理好国外企业；拥有好的战略，也不代表就一定能有好的结果……企业要想决胜于千里之外，作为企业领导者必须了解东西方行事文化的差异，学会打造国际化经营团队，并

能够领导国际化团队。

2020年2月10日，第92届奥斯卡金像奖颁奖礼，在美国洛杉矶好莱坞举行。由美国前总统奥巴马夫妇投资制作、以中国福耀集团在美国建厂为背景的纪录片《美国工厂》，获得最佳纪录长片。当时，由于中国正处于全力防控疫情之时，因此唯一获奖的中国人曹德旺并没有前去领奖。但在颁奖典礼上，导演史蒂文·博格纳尔和朱莉娅·赖克特用中文表达了对曹德旺的感谢之情。

而很多人在为曹德旺感到骄傲之余，也不免产生这样的疑问，一家中国民营企业和一个中国民营企业家，凭什么拿下奥斯卡奖？

在中国，大家喜欢将曹德旺称为“首善”，因为在国家遭受任何灾难面前，曹德旺总会伸出援手，个人累计捐款已经超过百亿。在这次抗击新冠疫情的过程中，曹德旺也默默捐出了一个亿。在曹德旺身上，我们可以看到一个企业家对于社会的责任和担当。

而在美国，代表着中国形象的曹德旺，也成功地改变了美国人对中国人和中国的看法。在《美国工厂》的影片中，曹德旺对员工说：“今天中国人到美国来办企业，最重要的目的，不在于赚多少钱，而是让美国人改变对中国人的看法，以及对中国的看法。”在接受媒体采访时，曹德旺也多次表示：“中国员工出国后，第一个责任不是要为企业做什么，而是维护中国的形象，因为外国人不知道你叫什么名字，但知道你是中国人，所以每一个走出国门的中国人，都应该自觉维护自己国家的形象。”

曹德旺不仅严格要求自己和员工不给国家丢脸，以不卑不亢的态度赢得美国人认可，更重要的是，他凭借个人的超强能力和谋略，成功做到了连美国通用汽车公司都做不到的事。

《美国工厂》是以中国第一、世界第二的汽车玻璃供应商，福耀玻璃集团的美国俄亥俄工厂为背景，讲述的是2008年金融危机，美国通用汽车工厂倒闭，而曹德旺出手将一座废弃工厂改为玻璃制造厂，解决了当地社区的就业问题，同时也引发一系列两国文化和制度碰撞的故事。

曹德旺去美国开工厂会发生什么？这个话题不仅中国人关心，美国人同样好奇。而《美国工厂》正好给出了最真实的答案。不仅如此，《美国工厂》同样是中国制造业进军海外的一个缩影。

2008年金融危机，通用汽车在接受了联邦政府的大量救助之后才维持生存，但还是关闭了不少装配厂。而曹德旺在俄亥俄州收购的工厂，便是当初通用的旧工厂，当时，这座旧工厂正面临“锈带地区”危机。

2014年，曹德旺花费1500万美元拿下这座工厂，并建成厂房面积为18万平方米的玻璃设计和制造工厂；2015年工厂投入运营；如今，工厂在当地雇佣2300多人。

而反观通用汽车公司，2019年实现净收入1372亿美元，同比下滑6.7%；净利润为67亿美元，同比下降17.4%。不仅如此，在罢工事件影响下，通用位于美国的工厂，在2019年第四季度停产四周，批发销量同比减少约19万辆。

而在曹德旺手上，工厂在历经曲折之后，仍然越挫越勇，终于在2018年实现扭亏为盈，还成为全球最大的单体汽车玻璃工厂。可以说，曹德旺做到了连通用都做不到的事情。

那么，曹德旺是如何做到的呢？

曹德旺曾经说过：“我们要想走向国际，首先就要摸一下国际的规矩，了解这个地球村的商业文化、自由经济的文化。连起码了解都没有的话，走出去就可能吃亏。”

实际上，曹德旺在美国办工厂，也遭遇了巨大困境，首先是国人的不理解，当时就有人喊“别让曹德旺跑了”；其次是中美文化的冲突，以及由此所衍生出的种种问题，这些问题包括中国员工认为美国同事工作效率低、沟通成本大，而美国员工则抱怨中国公司纪律严苛、待遇不高。此外，还有与美国工会的斗智斗勇。

刚开始在美国建工厂时，曹德旺使用了惯常的管理模式，很快就碰了钉子，这个钉子就是美国工人要求成立工会。对此，曹德旺非常很明确地表示，如果要引入工会，那就只能关闭工厂，亏再多也在所不惜。因为他认为，在美国，只要有工会，生产效率就很难提高！中国企业走出去，只要遇到工会，都是扭头就走，碰都别碰！而到 2017 年，曹德旺在美国的工厂已经亏损了 4000 多万美元。

这时，曹德旺不得不撤换了两位美国高管，决定由一位五十多岁，一半时间在中国生活，一半时间在美国学习和工作的中国人刘道川担任总经理。刘道川以自己在美国二十多年的经验，用一句中国俗话介绍了与美国人的沟通方式：美国人比较自信，要顺毛撸，需要多鼓励。

另一方面，曹德旺邀请了美国工厂的部分中层主管到福耀的中国总部参观，参加年会。美国客人受到了中国同事的热情接待。在参观工厂时，一个军事化的班会，让美国主管真切地感叹这种中国式管理模式的独到之处。

而美国主管在和中国工人交流过程中，也让他们真实地感受到了中国工人的吃苦耐劳精神。虽然不能说福耀玻璃的管理方式有多先进性和现代化，但确实展示了这个时期，中国企业在快速推动企业发展时所体现出的效率和韧劲。

当时，一位美国中层主管参观了福耀的中国工厂后，发自内心地说了一句话："美国的工人就是懒，每天上班只考虑今天可以拿到多少工资，没有想到自己能做多少事。"因此，他对中国工人和企业家的干劲与敬业精神由衷地敬佩！

其实，在曹德旺看来，对企业的经营和管理是不一样的，甚至是完全不同的两件事，他说："经营是没有规矩的，要靠嗅觉和敏感性；但管理是一个讲规矩的事情，没有规矩，不成方圆嘛！"通过曹德旺这句极富辩证思维的话，我们也由衷地钦佩这位已经75岁的老人，也难怪他能将福耀玻璃做到汽车玻璃行业的世界龙头了。而从曹德旺成功的经验来看，也让我们更加明白，要打造国际化团队，融入全球化发展，必须顺应时代发展的趋势，才能引领时代的潮流。

一、国际化发展的挑战

国际化是中国企业做大做强的必由之路，同时也是经济全球化背景下的必然趋势和选择。不过，中国企业在向全球化发展的过程中，也不可避免地会遭遇各种挑战和风险。

TCL是最早一批敢于迈出国门的企业，其共经历了三个阶段：早期探索、跨国并购和稳步成长。

1999年，TCL在越南建立了第一家工厂，随后把业务扩展到东南亚国家。2004 年 1 月，TCL 并购了汤姆逊全球彩电业务，在此之前，汤姆逊曾是全球 500 强企业，彩电业务远比 TCL 还要大；同年 8 月，TCL 并购了阿尔卡特手机业务。然而，彩电和手机两个项目的并购在前期都遇到了很大困难。

首先，在彩电业务方面，2003 年时虽然平板电视技术正在兴起，但 TCL 认为 CRT 技术会在 5 到 6 年内依旧是市场的主流。因此，TCL 并购了当时拥有全球最多领先 CRT 专利的汤姆逊。然而，市场却迅速发生了变化。2005 年，欧洲市场转向平板；2006 年，美国市场转向平板。这一切使得 TCL 的整个计划被打乱。一方面，其产品技术受到影响；另一方面，其供应链能力也受到了极大的挑战。其次，在手机业务方面，2004 年山寨机在国外和国内受到都受到追捧，致使国内手机经营环境急剧恶化，TCL 的手机业务急剧下滑。很明显，TCL 与阿尔卡特的并购并没有达到预期的效果。

经过这两次并购失败之后，TCL 被迫进行了一系列的重组和变革，终于在 2007 年时开始由亏转赢，逐渐走向良性发展。

TCL 在刚开始走国际化道路时，之所以出现问题，一方面是由于其对产业市场和技术转型的判断失误，另一方面是没有预先估计到国内外市场的快速变化。因此，企业要实现国际化，必须对国际市场的发展趋势有一个相对准确的预测，否则就容易犯下一些不必要的错误。

二、企业国际化发展的路径

中国企业的全球化分为五个阶段：出口型、初期扩张型、国际型、跨国型和全球型。每一个阶段的组织架构和企业定位都会发生变化和升级，也面临着不同的机遇和挑战。而在全球化道路上行进的中国企业中，既有按照以上路径的不同阶段推动全球化进程的传统行业企业，也有直接跳跃到后期阶段的新能源行业。行业的差异化让这些企业选择了不尽相同的路径和全球战略，让他们分别在世界舞台上脱颖而出。

海尔作为全球第一个白色家电品牌，无疑是中国企业走向全球化的最好案例。在 25 年里，海尔从“小心翼翼”实行缝隙产品战略在海外市场拓荒，到“联合品牌”战略打开市场格局，再到现在以研发、制造、营销“三位一体”的本土化方式调动当地优势资源，从而盘活全球布局，海尔以自己的方式沿着全球化的路径演进。公司内部“人单合一”的管理模式，帮助企业与用户在直接交互中寻找有价值的商机，而且这样的方式在全球化的进程中也获得了最佳诠释。

同样身处传统行业的宝钢股份，是中国最大的钢铁联合企业，也是中国最大的汽车板制造商。很大程度上，宝钢具有天生的全球化基因，大多数的先进技术和管理体系皆从国外引进。而在全球化的过程中，宝钢通过 EVI（供应商早期介入）模式，以用户需求为驱动提供产品和服务，逐渐实现“从钢铁到材料、从制造到服务、从中国到全球”的战略转型。宝钢坚信，独一无二的技术是该行业全球化的核心能力，而下一步最重要的战略步骤是生产属地化。与此同时，宝钢强调企业文化是全球资源整合的大前提。为此，宝钢崇尚核心价值的具体化，并以制度培养文化，推动与用户各个层级的全方位对接与融合。

在传统企业海尔、宝钢依照全球化路径步步演进的同时，一些年轻的新能源企业找到了直接跳跃到全球化成熟阶段的“捷径”。

被称为风电业“另类”的远景能源从一开始就没有将自己定位于哪个国家。避免狭隘战略思维的它，从成立之前早已有了成熟的战略布局——把欧洲的技术、中国的成本、美国的软件、全球的资本和市场整合起来，最终推出了比欧洲更有竞争力、比中国质量更好的产品。在企业并购、团队储备、产品和商业模式等方面，远景能源始终避免只顾眼前利益，而是从整体布局的角度进行决策。对于全球多边市场的深入理解，让远景能源从创立伊始，就以“合纵连横”的策略和“普世理念”的文化，获得了顶级人才和国际市场的青睐。

与此同时，同属新能源行业的英利绿色能源控股有限公司，则另辟蹊径，从品牌知名度入手，赢得了欧美市场。通过赞助世界杯，这家总部位于中国三线城市（河北保定）的民营企业，可谓一夜成名，开启了塑造国际品牌的旅程，也为企业形象增添了更多国际化色彩。在战略上，英利以低成本在经济发达地区开拓市场，之后进军发展中国家；在内部，企业崇尚信任和赋权的管理文化，分公司也保持相对独立自治的管理模式，这让英利在国际市场发展迅速。[①]

目前，国际市场上有一个说法：欧洲的技术、美国的软件、中国的资本和市场。在过去，很多中国企业遵循的是“资金买技术”的发展模式，而这种模式，往往使产品和品牌处于落后和被动的状态。所以，只有主动走出去，迈向国际化，整合有效的智力资源，加大研发投入，才能真正成为行业标杆。

① 李全伟. 中国企业全球化之路. 哈佛商业评论[J]. 2016-07.

三、如何领导国际化团队

在管理国际化的团队过程中，很多企业高管普遍认识到这样一个问题，那就是各国文化的差异，导致了全球管理无法统一化。另外，各个国家的劳动法也存在无法协调的差异。比如，在一个国家被员工普遍接受的管理方式和政策，在另一个国家就行不通；在总部行之有效的领导风格——无论是在纽约、伦敦、巴黎、柏林，还是在北京，在大洋彼岸地区却不利于业务的开展。所以，作为国际化团队的领导者，要想做到统一协调，除了要了解国际的主流文化，更要了解各个国家和地区的民族文化，这样才能在实际的管理中做到有的放矢。一般情况下，需要注意以下四个关键点：

第一，循序渐进地发展国际化团队。企业在进行国际化的发展过程中，不可能一蹴而就，需要一个循序渐进的过程。在刚开始时，可以先建设一个小团队，在他们熟悉被收购的企业文化、市场等要素后，派他们去管理项目，并逐步积累跨国经营管理经验。比如，小米的国际化业务之所以取得令人瞩目的成就，这其中离不开其国际化团队的作用。在向海外进发的过程中，小米都是先派遣资深员工前往海外并购企业，然后向海外团队不断输入公司的价值观，如今小米已将海外员工发展为“米粉”。

第二，创建包容性的企业文化。要想成为国际化的企业，就必须创建包容性的企业文化。不要因为担心被国外同化而撤销所有的国外管理团队。要具有国际化的思维方式，留住国外优秀的管理人才，信任他们，并给予其足够的尊重。这种跨文化的融合会对企业的国际化产生预料不到的效果。

第三，准确定位国际化人才管理。宏碁电脑是华人世界中比较知名的国际品牌，其创始人施正荣被视为华人品牌国际化的先驱人物。宏碁集团在国际化人才管理方面的定位是：用全世界最好的人才和最好的科技，做全世界做不完的生意。正是基于这样的定位，宏碁集团虽然有来自六个不同国家的高管，但他们却拥有一个共同的奋斗方向，所以团队之间的不必要摩擦也大为减少。

第四，建立统一而灵活的人力资源管理模式。企业可以利用共享服务平台，使企业在保持全球竞争优势的同时，又能根据不同地区的实际情况采取不同的措施。

第四节　巩固地位，构建商业联盟

在 VUCA 时代，整个商业环境都发生了重大变化，各个行业的特征和边界愈加模糊，企业间竞争的焦点从独立的产品本身转移到包含相关产品的系统，甚至连接各个子系统的体系。这就意味着一家产品制造商要在整个行业领域内竞争，竞争的主体从单独的企业变成了不同的商业生态系统。

目前商业领域的生态联盟主要有两种形式，一种是生态开环模式，我们有时称它为安卓模式；一种是生态闭环模式，我们有时称它为苹果模式。

目前看来，企业业态走向生态闭环的模式会越来越明朗化。显然，头部企业今后一定会致力于构建并主导行业生态化发展，非头部的企业也就不得不融入行业生态群发展，互联网技术的高速发展业加速了这一进程。

商业领袖必须把握这个大势，谋求企业的可持续发展，这对商业的素质也提出了新的要求：竞争空间的识别、选择、与驾驭能力成为商业领袖在智能时代的必备素质。

生态联盟不仅是企业内部各业务之间的有效整合，更是企业和企业之间的能力链接，主要是为了提高企业的创新能力和应变能力，增强企业的韧性，提高企业运行效率和企业资源的利用率。建立企业生态联盟的原因，主要是因为商业价值链发生了重大变化。

价值链是一系列价值创造的动态过程组合，包括从原材料的选择、设计研发、生产制造、市场销售以及售后服务等。价值链可分为两种：一是企业外部价值链，包括供应链和顾客链；二是企业内部价值链，包括研发、生产和营销。任何一个企业都无法独立生存，它必须处在一个价值链中才能实现其拥有的价值。而一个企业想要拥有竞争力，必须在价值链中创造其独特的优势。

在过去，价值链的模式是“资产/核心能力→投入→产品/服务→销售渠道→客户”。这种传统的价值链存在诸多问题，比如信息不对称、用户参与成本高、价值损耗等。现在价值链的模式为“客户→销售渠道→产品/服务→投入→资产/核心能力→竞争优势”，可见价值链逻辑发生了极大的变化。

产业链逻辑的变化，对企业的经营提出了挑战。面对不断变化的商业环境，企业想要生存和发展，必须在价值链中持续成长，塑造生态价值链上的竞争优势。

商业生态是企业赢得生态竞争优势的法宝。

戴尔，我们的战略合作客户之一，自 2016 年开始合作至今。我们对它的商业生态创新深感钦佩，在今天看来，这以小吃大的收购可以说是当代商业史上浓墨重彩的一笔，值得我们学习。

早在 2013 年，戴尔创办人就展开布局，第一步是大砸 249 亿美元买回 Dell 所有股权，将公司私有化，下一步则是补齐全端产品线布局，来培养跨入混合云全球市场的竞争力。

2015 年 10 月 11 日周日，天气分外晴朗，50 岁的戴尔创办人 Michael Dell 站在霍普金顿镇的 EMC 总部中庭，对着台下 EMC 员工，描绘着他对未来变革的愿景。

隔天星期一，谣传多日的 Dell 并购 EMC 案正式揭晓，Michael Dell 正式对外揭露，Dell 将以 670 亿美元买下 EMC，包括拥有对 VMware 的控制权。

EMC 执行总裁 Joe Tucci 执掌 EMC 十五年，自他上任后，EMC 转而开始善用并购来扩大 EMC 产品版图，光是他上任的前五年（2001 ~ 2005 年），EMC 就并购了 15 家公司，其中最知名的就是在 2003 年底以 6.3 亿美元买下 VMware，和 VMware 目前市值相较，这笔交易足足赚了 50 倍。在接下来的十年，Joe Tucci 也仍积极并购，平均每一年买了 5 家 IT 公司，来壮大事业版图，甚至包括多项跨领域的 IT 并购案，如 2006 年以 21 亿美元买下资安公司 RSA Security，2010 年则并购资料仓储巨头之一 Greenplum。2012 年买下敏捷软件开发与工具商 Pivotal Labs，并整合 Greenplum 团队和 VMware 领导精英，来打造一个云端技术加上大数据产品的企业 PaaS 平台公司 Pivotal，奇异公司看好 Pivotal 产品在工业因特网上的价值而大手笔投资。

近年来，EMC 则更致力于并购快闪储存相关产品，包括如 XtremIO、ScaleIO，或像 2014 年闪购了新一代机柜级 Flash 储存设备商 DSSD，产品还没上市，EMC 就出手买下公司。

从 2014 年起，EMC 开始往云端基础架构产品布局，除了在去年买回与思科合资的 VCE 公司，将融合式架构产品线 Vblock 收为己有，2015 年

5 月更大手笔以 12 亿美元买下了云端平台后端设备的供货商 Virtustream，许多欧洲和美国的大型企业如可口可乐、巴菲特旗下亨氏食品、HESS 石油公司等都是 Virtustream 的用户。如今，这些 EMC 过去的布局，都成了 Dell 前进大型企业市场和整合型系统供货商的基石。如图 6–3 所示。

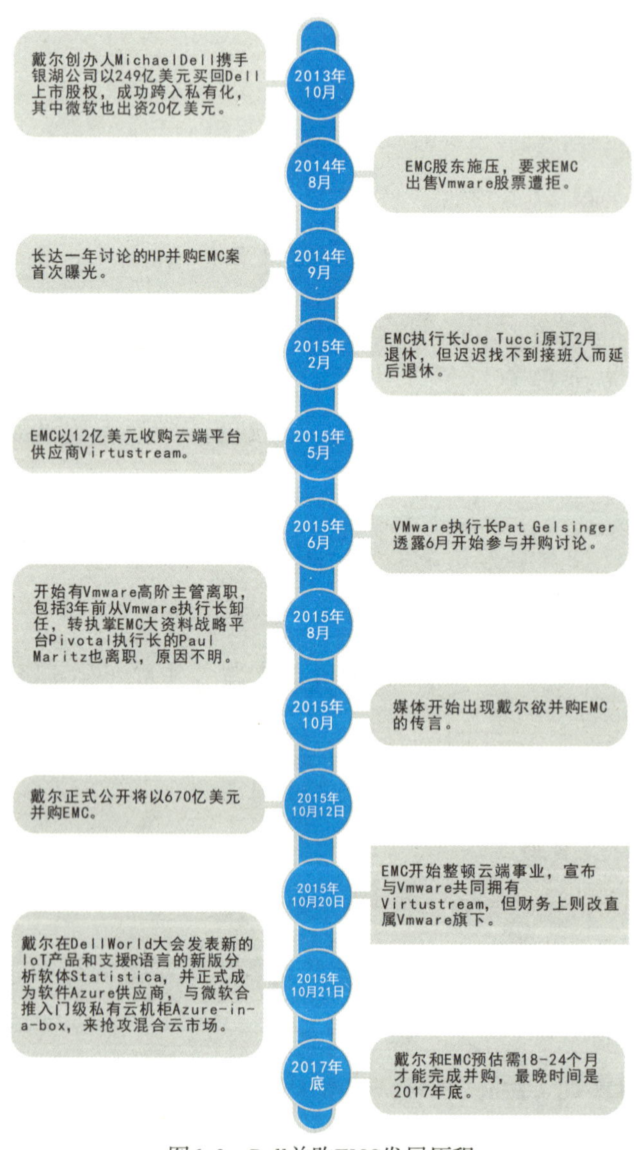

图6–3　Dell并购EMC发展历程

在并购案宣布之际，Dell 企业解决方案事业群技术负责人 Paul Pere 认为："透过整合 Dell 与 EMC 的技术、产品与客户，将会创造出新的营运模式。"尤其因 EMC 专注大型客户，而 Dell 则大多是中型客户和服务提供商，两者相加，有助于带来 1 加 1 大于 2 的综效。

Michael Dell 在顾客公开信上解释，正因为走入私有化的这一步，今天 Dell 才拥有投资未来的自由，来落实创新和持续的 IT 战略。这也正是他认为能买下 EMC 的关键。如图 6–4 所示。

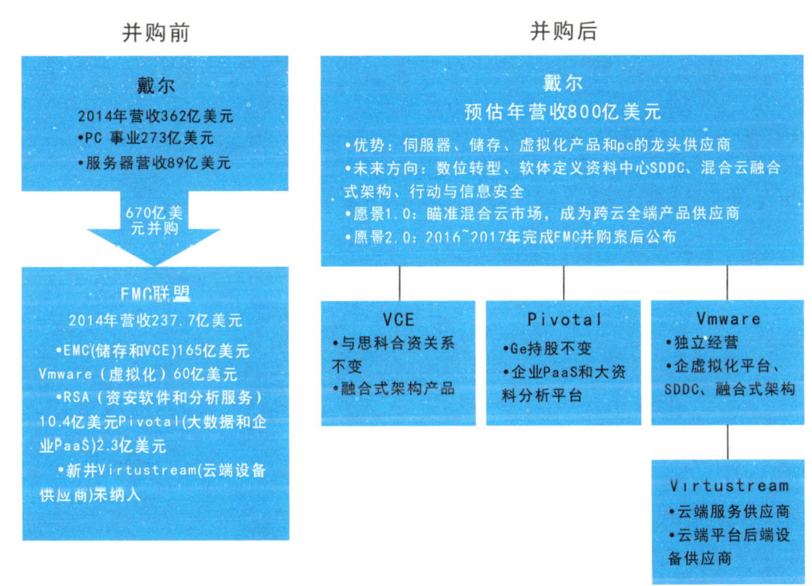

图6–4 Dell并购EMC前后架构示意对比

并购案宣布后，2014 年即传出要和 Dell 竞争并购 EMC 的 HP，也成了市场关注焦点，HP 总裁 Meg Whitman 也发表公开信来响应，她指出，这项并购案将对 Dell 带来四个考验。第一，Dell 为了买下 EMC，得背负 500 亿美元的债务，光是每年就要偿还 25 亿美元的利息；第二，要整并双方近 20 万名员工和彼此截然不同的文化，将会消耗管理团队的精力。第三，双方产品的合并与优化过程会困扰各自的顾客，因为顾客会担心，在18个月后两家公司完成合并后，是否还能买到手上正在用的产品。第四，并购挑战则是，Meg Whitman 表示，需整合两种截然不同类型的产品销售方式，将可能会造成销售通路的混乱。不过，从现在的情况来看，Meg Whitman 是想多了。

2015 年，Michael Dell 在 Dell World 大会中宣布 Dell 将成为有能力来提供跨云或协助企业上云的全端产品供货商，而包括了数字转型、软件定义数据中心 SDDC、混合云、融合式架构、行动与资安等技术和产品，都是为了因应第三世代 IT 架构变革趋势而需要的竞争力。但这只是他心中蓝图的 1.0 版，Michael Dell 就会持续披露策略愿景 2.0、3.0。

今天再来看这个商业并购案，其实就是为创建、统领并获取商业生态竞争优势而拉开的序幕。

第三部分

制度篇

制度是现代企业管理的基石，更是企业健康持续发展的保障。一位知名的企业家在宣布退休的公开信中，曾这样写道："我们相信只有建立一套制度，形成一套能够培养和锻炼出一大批人才的接班人体系，才能解开企业传承发展的难题。"的确，企业传承需要做长期的、精细化的顶层设计，不能只将关注点聚焦于人，而是"两手都要抓、两手都要硬"，应该做到能力培养与制度建设并轨运行。

第七章　建立有效的接班人生成制度

一家企业是否成功，不仅在于它做得多大，还在于它能活多久。

在企业漫长的发展过程中，肯定会分成好几个发展阶段，而每个接班人，也都有不同的使命。那么，在这场漫长的接力赛中，企业如何顺利完成权力接力棒的交接呢？这就需要制度的保障，尤其是建立完善的接班人生成机制，这样才能确保企业的接力棒一代接一代地传下去。

第一节　接班人生成制度的必要性

领导人才是企业之本，是企业发展的核心驱动要素。面对激烈的商业竞争，大多领导者认为，只有抢夺到具有独特优势的领导人才，才能推动企业更好地发展。想要避免企业陷入无人可用、人才断层的危机，必须建立一套接班人梯队的生成机制。接班人的选拔、培养与制度保障是打造企业传承领导系统的三个核心要素，三者相辅相成，共同促进企业的健康、持续发展。

现在很多企业之所以出现接班人问题，陷入接班人困境，就在于缺乏一套接班人的生成机制。

建立接班人的生成制度，其实是给接班人以群众基础。即便是在家族企业中，子承父业虽然是一件情理之中的事，但却并非天经地义之事。无论是传统世袭下的继承者，还是企业内部培养的继承者，或者从外部寻找的接班人，要想成功，接班人必须认同自己所从事的事业、在推动事业发展的征程上，能够获得团队的认同和组织的认同，在此之下，并积极为社会的发展做出贡献，最终获得社会的认同，在某一个时期，将接力棒交给下一位。这样的循环往复，是需要制度来保障的。对此，华为公司将接班人如何产生写进了《华为基本法》，规定接班人要在集体奋斗中从员工和各级干部中自然产生，其做法可谓独树一帜。

无论是家族企业还是非家族企业，都是以“企业”为核心。企业的良性运作关键在于建制，这是保障企业传承、权力顺利传递的重要一环，也是维持企业健康持续发展的基本要求。

第二节　三种典型的接班人生成机制

随着我国社会主义市场经济的持续高质量发展，民营企业也得到了蓬勃发展。而接班人的问题关乎企业经营的成败，是企业长治久安的重要前提。所以，建立完善的接班人体系，成了很多企业的头等大事。

要想找到合适的接班人，企业就要建立柔性的接班人生成机制。正如我们在第一部分所提到的那样，企业领导者要突破传统的思维局限，在寻找接班人时，不但要考虑企业内部人选，也可以考虑企业外部人选。无论是直系后代、旁系亲属，抑或是职业经理人，只要有足够的能力和智慧，都可以依据企业的接班人生成制度接过经营权。

目前，企业采用的接班人选取方式，主要有三种类型。

一、传统世袭制继承

虽然我国已经进入社会主义市场经济阶段，民营企业发展迅速，但由于民营企业起步较晚，缺乏先进的理论指导，也没有相应的历史经验供借鉴，因此绝大多数的企业仍然采取传统世袭制继承模式。当然，这种世袭制的继承模式，也有一定的优势，那就是企业管理层之间大多都是直系或者旁系的亲属关系，有利于彼此之间的信任，促进企业的凝聚力。

然而，在市场经济下，世袭式继承的弊端也日益暴露：在面临人才任用时会被亲情羁绊，任人唯亲，不利于人才的更迭和企业的变革发展；在家族企业中，企业经营者同时也是企业的大股东，退出机制非常棘手；容易造成家族内斗，如果处理不好，就会导致人心涣散，最终受到伤害的还是企业。

二、从外部聘任职业经理人

从目前的情况来看，传统的世袭制继承模式，仍然是很多民营企业选择接班人的主要形式。然而，随着世界经济的全球化趋势，市场竞争日益加剧，摆在众多企业面前的主要课题，是如何在机遇与挑战并存的局面下，既能求生存又能谋发展，再加上某些二代接班人不愿意接班或者能力不足等问题，使得许多企业不得不摒弃传统的世袭继承制度，选择从外界聘任职业经理人。

在我国，上海市劳动和社会保障局在2002年制定了《职业经理人职业标准》，对职业经理人进行定义：运用全面的经营管理知识和丰富的管理经验，独立对一个经济组织（或一个部门）开展经营或进行管理。

简而言之，职业经理人就是在所有权与经营权分离的公司，通过运用自己的管理经验，帮助企业实现战略与经营目标的经营、是行使企业管理职能的代理人。他们除了可以拿到基本的薪资之外，还可以得到公司的股份和分红等。

引进职业经理人，是很多企业应对接班困境的一项重要举措。在欧美发达国家，已经形成了比较健全的职业经理人市场，家族企业可以到市场上自由选择职业经理人帮助自己管理企业。目前，许多欧美企业都已经实现了职业经理人制度，比如微软公司前任CEO兼总裁史蒂夫·鲍尔默，就是微软公司的第一个职业经理人；谷歌前CEO埃里克·施密特是三大硅谷精英经理人之一；还有美国的HP公司以及福特家族，一贯都是从外部选拔职业经理人掌舵。

相较于传统的世袭继承模式，职业经理人模式有着独特的优势。首先，通过成文的规章制度和标准，明确规定了职业经理人应具备的综合素质和专业能力。这一标准是评判职业经理人的关键，能够全面评测职业经理人的综合实力和决策能力，更为科学，既有利于企业内部人才的培养，也能满足企业发展的用人需求。其次，新型的职业经理人模式完全不用顾虑亲情，这就保证了在做决策时的理性和客观，有利于组织的吐故纳新，保持企业的活力。最后，聘任职业经理人接班，只要职业经理人违背了合约中约定的规则，董事会就有权解聘职业经理人，再选用新的职业经理人接班。所以，聘任制职业经理人模式，在接班的制度上，显得更为主动和灵活。

职业经理人能力突出，选择他们来接班，既可以省去企业家无人接班的烦恼，也能帮助企业实现收益最大化。

三、在企业内部培养接班人

因为我国职业经理人市场的不成熟，以及在实际接班过程中可能产生的种种问题，许多企业家并不放心让职业经理人来接手企业，而是选择在企业内部培养接班人。曾有人这样形容职业经理人与企业家的区别："职业经理人跟企业家的区别，就像一群人上山打野猪，职业经理人开枪后，野猪不但没有被打死，而且还朝我们冲了过来，这时职业经理人丢下枪就跑了；而企业家看到野猪冲过来时，不但没有跑，反而会拿起柴刀和野猪进行搏斗，不是你死就是我亡，真正的企业家是无所畏惧的，企业家不是培训出来的，他们是从商场上一路披荆斩棘闯出来的，所以企业家无所畏惧。"

2018年7月，刘强东宣布，京东商城以后启用轮值CEO制度。这是京东商城在内部管理方面的变革，意味着CEO不再固定为某个特定的人，而是由不同的人轮流担任。

京东商城第一个轮值的CEO是徐雷。徐雷于2007年加入京东，后来相继在营销部、业务部、营销部等部门担任负责人。除了中间短暂离开过一段时间，徐雷一直在京东，一路做到京东集团CMO（首席市场官）的位置，负责集团整体整合营销职能，包括商城、金融、京东云等业务。

徐雷深受刘强东赏识，是刘强东旗下的一员虎将，被视为“京东2号实权人物”，徐雷曾在京东的品牌建设和塑造以及向移动端转型的战略方面做出了突出贡献，为京东的发展立下了汗马功劳。

轮值CEO制度是内部培养接班人的典型制度，最早见于华为公司。华为在刚开始的时候，一直沿用总裁办公室会议，但到了2004年，发生了重大改变。任正非曾在一篇文章中这样回忆：“大约2004年，美国顾问公司帮助我们设计公司组织结构时，认为我们还没有中枢机构，不可思议。而且高层只是空任命，也不运作，提出来要建立EMT（Executive Management Team，经营管理团队），我不愿做EMT的主席，就开始了轮值主席制度，由八位领导轮流执政，每人半年。”

于是，华为成立了EMT，团队成员大多来自董事会，主要负责公司的重大决策，比如战略方向、治理架构、流程制度等。在最初两年，只有EMT成员才能参与EMT会议，两年之后，任正非打破了这一规则，开始邀请相关主席也参与会议的讨论。这任正非这样做的目的，就是为了“培养接班人群体”。

2011年，华为的轮值主席制度发展为轮值CEO制度，由公司内的三名副董事长轮流担任CEO，任期为每人半年。在轮值期间，轮值CEO是公司经营管理的最高责任人，负责日常管理决策，召集并主持EMT会议。同时轮值CEO还需要接受董事会成员和监事会成员的监督，及时向他们通报自己的职责履行情况。

在华为之后，越来越多的企业也开始尝试这种管理制度来培养自己的接班人。2017 年 11 月，阿里巴巴 CEO 张勇宣布，阿里大文娱实行轮值总裁制，由六人轮值担任大文娱总裁，张伟东担任第一任总裁，直接向张勇汇报。

轮值 CEO 制度有三大特点：一是由内部产生，二是短期任职，三是轮流坐庄。实行轮值 CEO 制度有四大好处：第一，给每一个轮值者提供了锻炼的机会，促使他们各项能力的提升；第二，在展现人员优点的同时，也将他们的缺点暴露无遗，通过分析他们的优势和劣势，有利于将他们放在正确的位置上，实现人尽其才；第三，在一个位置上待久了，就会出现很多弊病，滋生腐败和惰性，轮值制度有利于激活整个管理团队；第四，平衡了各方的利益冲突，避免拉帮结派的现象，使公司得以均衡发展，也促进了组织的创新与变革。

轮值 CEO 制度是华为在选择接班人问题上的一个重要探索。但这种制度是否能够成为一种长期的制度安排，仍然有待验证。正如任正非所言："CEO 轮值制度是不是好的办法，它是需要时间来检验的。"

一般情况下，从企业内部培养接班人，至少有四点优势：

1. 对企业忠诚度更高。从企业内部成长起来的接班人，对企业的认同度较高，会将自己的命运与企业的发展连接起来，并愿意为企业的利益付出自己的精力和时间。

2. 更深刻地理解本行业，调动资源，塑造企业竞争力。企业内部培养起来的接班人，经过长时间在本行业的浸泡式学习，对于本行业和企业有着足够的了解，深谙运营之道，在行业内会积累足够的资源。因此，在企业运作时，能够充分调动资源，这对企业来说，也是一种竞争力。

3. 更容易在内部开展工作。从企业内部成长起来的接班人，在企业内部会积累相当的人脉和人际关系，由于是从企业基层一步步走上去的，会有一定的权威，另外，相对于空降兵，企业内部培养出来的接班人，会更熟悉企业文化和企业规则，这更利于他在企业内开展工作。

4. 更容易理解前任领导者的战略意图。企业内部培养的接班人，由于长期受企业文化的熏陶，更容易领会企业的核心价值观，另外，接班人也会更容易把握前任领导者的战略意图，那么，当他接班之后，能够继续坚持前任领导者的发展战略和发展方向，从而保持战略的连贯性。

总而言之，无论是哪种性质的企业，要么是从家族式继承，要么是从企业内部优秀员工中选拔，要么是从外部引进优秀人才。这三种模式各有利弊，至于最终选取哪种方式，则要看企业自身的实际情况。其实，许多优秀的企业并非固守某一种模式而排斥另外的模式，而是在坚持从企业内部培养选拔出优秀的接班人，同时也会考虑从外部引进优秀的人才。比如施乐、IBM 等都有着完善的接班人计划，但当企业内部培养的接班人显明能力不足时，他们就不得不向外寻找更合适的人选。

其实，对于企业来说，选择什么样的接班人固然很重要，但最重要的是用什么样的制度来选。可以说，在未来相当长的一段时间里，对接班人计划的探索，以及接班人制度的建设，仍然是企业的一项重要任务。

第八章　优化接班人培养系统

企业的接班人，从被选定到真正掌管企业，也并不是一蹴而就，而是要经过很长一段时间的学习和考验。比如，董明珠当初被朱江洪选定为接班人之后，在很长的一段时间里，格力电器的核心领导层一直是“朱董配”；在确定董明珠的领导能力之后，朱江洪才放心把格力电器交给她。所以，要培养一个合格的接班人，并不是一件很容易的事，企业必须建立起完善的接班人培育机制。

第一节　犹太人培养接班人的法宝

接班人培养机制是企业建立领导人才梯队的重要保证，建立接班人培养机制可以为企业在人才挑选、培养和配置各个环节提供参考，规范操作。

从现实的角度上，建立接班人培养机制，至少有四个方面的意义。

一、提高企业核心竞争力

接班人培养机制的建立与实施，让企业对高潜人才的培养有目的性，能够培养出符合企业战略和未来需要的人才，符合企业发展需要，通过接班人培养机制，培养出的人才对企业具有高度的归属感和忠诚度，能够有效促进企业发展。我们都知道，当今企业的核心竞争，就是人才的竞争。而通过接班人培养机制培养出的人才，能够有效地提升企业的核心竞争能力。

培养人才相对来说比发掘高潜领导人才容易，发掘人才是一个漫长而又充满挑战的过程。在此我归纳出三条，希望能给大家带来一些犹太商道在选拔领导人才的借鉴。如图 8–1 所示：

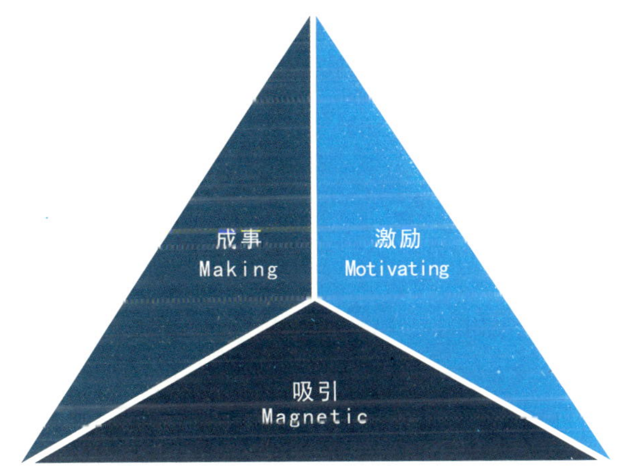

图8–1　候选人能力借鉴示意图

其一，接班人能干吗？这里肯定要识别出接班人是否干过并取得成功；

其二，接班人是否还能被激励去突破自己的认知边界？

其三，她 / 他能不能吸引我带家人和她 / 他共进晚餐？在我看来，这是这三个中最土的也是最管用的一个法宝。

二、增强雇主品牌吸引力

我们在 2020 年做过一项关于雇主吸引力的调查，让我们大吃一惊的是，候选人选择最主要的三项不是薪酬、升职机会和工作环境，而是吸引人的人才培养机制。如图 8–2 所示：

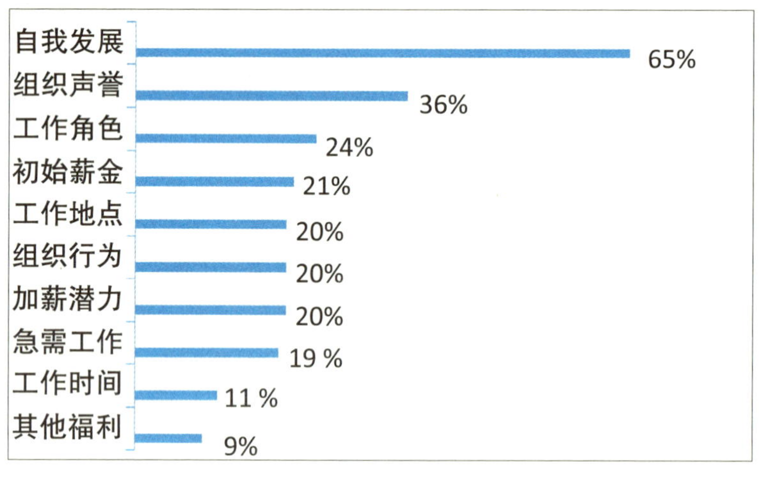

图8–2　领导人才培养机制图

一套完善的领导人才梯队培养机制，会让员工看到公司有一条畅通的晋升渠道，让员工对自己的职业生涯有所规划，对员工起到激励作用，增强员工对企业的凝聚力和向心力，这对增强雇主声誉和品牌建设具有良好的促进作用。

雇主品牌是评价一家企业是否优秀的标准之一。

任何一家企业，必须具备培养人才的能力，才拥有发展的核心力量；如果缺乏接班人培养机制，就会从某种程度上阻碍了业务的进一步发展。而企业在对人才的培养过程中，一定要有一套完整的体系，才能培养出具有无穷生命力的领导人才。

三、降低企业运营风险

企业在发展的过程中，不得不面对的一个问题，就是人才的流动，特别是领导人才的流动。在员工离职和招聘新人的这段时间里，往往会增加企业的运营成本，甚至会对企业造成一定的经济损失。同时，还会给竞争对手制造机会，侵蚀企业的地盘。要化解这些风险，就是要建立接班人培养机制，这样可以帮助企业储备各个梯次的接班人，一旦出现工作人员调岗或离职，就能够迅速补位，保证企业的正常运转。

特别是在一些高度竞争额行业或者企业的核心业务部门，现在不是行业人才一个或者两个的流动，而是一大批成建制的流动。尤其是在核心领导人才流动后，往往就是一个团队、甚至多个团队追随而去。当年乐视发展迅猛的时候，就从华为、腾讯、海尔等企业吸走了不少高管和具有雄厚技术能力的开发和市场团队。

四、降低人才培养的成本

企业招聘人才的流程烦琐而复杂，当企业出现岗位空缺，如果需要从企业外部招聘人才来填补的话，就会需要一大笔费用。通常情况下，企业的级别越高，招聘所花的费用也越高；级别比较低的企业，成本则相对较少，但是相关的岗位培训费用也是一大笔支出。如果企业能够建立接班人培养计划，就能将这部分成本降到最低，把烦琐复杂的招聘过程简化，有效降低企业在招聘与培养人才过程中的成本。

第二节 如何培养出“杰克·韦尔奇”式接班人？

21世纪企业间的竞争，就是人才的竞争？关键是领导人才的竞争。一家企业如果没有足够的人才，要想继续存活下去都难，更别说做大做强了。而企业要想拥有一批属于自己的人才队伍，就要建立接班人培养机制，这是企业在激烈、残酷的市场竞争中能够胜出不二之选。通用电气和华为被誉为经理人的“黄埔军校”，这也是他们能够在激烈的市场竞争中能够越来越强的原因之一。

企业领导者的首要任务就是未雨绸缪，及时建立培养接班人机制，这样才能避免企业后继无人，确保企业基业长青。对此，柳传志深有体会地说：“以我办联想的体会，最重要的一个启示，就是除了需要敏锐的洞察力和战略的判断力外，培养人才，选好接替自己的人，恐怕是企业领导者最重要的任务了。”

下面，我们就细致分析几家国际知名企业的接班人培养机制，了解他们是如何创建接班人培养体系并让其发挥作用的。

一、丰田："守破离"循环制

丰田在选择领导人时，很重要的一个标准就是看这个人是否有内在的自我驱动力，即：自我认同。

丰田采用"守破离"的循环机制来发掘和培养接班人。所谓"守破离"指的是三个不同的阶段。

第一阶段：守。"守"，指的是守住。在这一阶段，员工刚进公司，公司会为其指派一个老员工作为他的师傅，在教授工作经验的同时也对其实行严格的监督。丰田有一套严格的工作流程和工作标准，员工需要严格执行，不能自由发挥。这也是获得团队认同和组织认同的基础。

第二阶段：破。"破"指的是打破。相较于"守"的阶段，员工在这一阶段享有一定的自由。师傅不会像之前那样要求学生一板一眼地学，学生可以创造性发挥并运用各种法则。但前提是必须严格遵守公司的制度规范和工作标准。

第三阶段：离。"离"指的是创造。随着日复一日地重复，这些标准动作在员工心中已经根深蒂固，员工无须多想便能自然地发出这些动作。有了这样的基础，在这一阶段，员工的工作重点就是开拓新业务并持续改进。"离"的阶段，就是摆脱对老师的模仿，进行自我探索、自我创造的阶段，在此，再次固化了自我认同，从而为今后的事业发展夯实基础。

经过"守破离"三个阶段成长出来的员工，就会是一个成功的领导者。当他成为领导者之后，他会用新一轮的"守破离"循环机制来培育自己的下属。这就是丰田的管理逻辑和培育接班人的机制。

二、麦当劳：现代学徒制

2020年5月1日，高钰毅被升职为麦当劳餐厅学生总经理，而此时的他刚满21周岁，尚未从学校毕业。

为什么麦当劳餐厅把这么一个重要的位置，交给这么年轻的人手中呢？他到底有着怎么样的背景和能力？

2017年，高钰毅进入杭州某职业技术学院就读。当时麦当劳与学校成立了现代学徒制班——麦苗学院。这是麦当劳的“麦苗”计划，目的是培养新型商科人才。对饮食感兴趣的高钰毅决定借此锻炼自己，于是加入了麦当劳，边学习边实践。最初他只是一个跑腿打杂的小伙计，三年的时间，高钰毅通过自己的努力成长为公司总经理，也有了自己的徒弟。

在麦当劳，人才是多样化的，既有毕业于专业饮食学校的员工，也有来自商业学校的员工，还有一些大学生、工程师、农学家等。

麦当劳有着强大的人才储备军，他们大多来自学校的学生，仅在中国，数量就高达3500人，他们利用课余时间到麦当劳打工，在此期间储备工作经验，等毕业后，这批人当中有一半以上的人会成为麦当劳未来的高管，甚至根据公司的计划经过相应的培训担任相应职务，甚至可能成为未来的餐馆经理。

这样的人才培养策略为麦当劳提供了庞大的后备力量，不断为公司储备新鲜血液，为公司的发展奠定了稳固基石。在麦当劳中，只有那些脚踏实地的人，才能在平凡的工作岗位上崭露头角。在麦当劳里取得成功的人，都有一个共同点：即从零开始，脚踏实地。炸土豆条、做汉堡包、制作冰激淋，最后脱颖而出，成为公司管理者或者领袖级人物。

麦当劳模式的成功，其实是人事制度的成功。麦当劳接班人的培养模式，使一个普通的毕业生逐步晋升为真正的管理者，为企业带来了巨大的经济效益，促进了公司规模的扩大。

三、为什么是杰克·韦尔奇

为什么是杰克·韦尔奇？那是因为通用的接班人培养系统在发挥作用，不但识别和培养了杰克·韦尔奇，在其之后，还发现并培养了伊梅尔特，带领通用走向了又一个高峰。

杰克·韦尔奇在离退休还有七年的时候，就启动了接班人计划。他和另外两名董事会成员组成三人小组，共同设定了接班人应具备的条件和素质，同时还为每一位候选人量身定制了从 1994 年到 2000 年的个人发展计划。到 1998 年时，除去退休、卸任或者被淘汰者，留下来的还剩 8 位，累计尝试了 17 种工作。通用电气不仅是人才的摇篮，更是管理创新方法论的生产者和推广者，六西格玛就是在通用得到发扬光大并显著提升其管理水平的工具之一。其创立的强制排名矩阵在接班人识别和培养上，发挥了积极的作用。如图 8–3 所示：

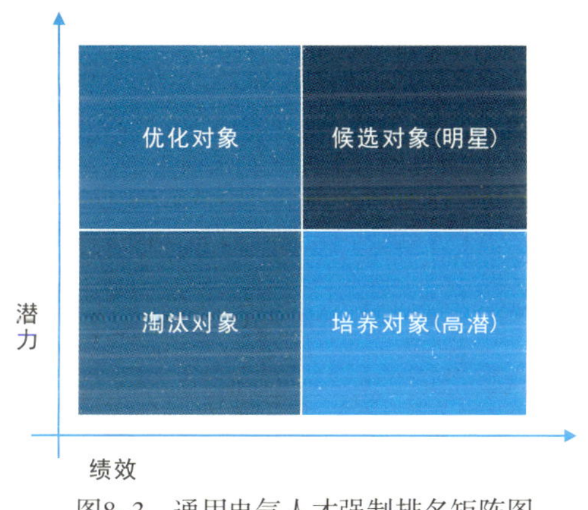

图8–3 通用电气人才强制排名矩阵图

对领导人才简单分类后，有利于资源在领导人才培养上的精准投入，避免浪费，提高企业的投资回报率，并提升人才培养的效能。

通用电气公司董事会每年组织两次活动，让候选人与董事会一起打高尔夫球或者网球，并安排午餐等，通过这些直接的接触以增进彼此的了解。董事会对候选人的领导方式和行事方式细心观察，并形成书面报告提交给韦尔奇。此外，通用电气董事会每年举行两次董事会，对候选人进行评估，跟进其最新状况。

最终董事会一致通过决议，选举杰夫·伊梅尔特为接班人。杰克·韦尔奇认为："伊梅尔特具有全球资源整合能力，团结、激励、培养来自不同文化背景的员工的能力，他既是一个战略家，也是一个变革经理，是一个全能的角色。"

通用电器作为全球第一流的企业，曾经多次遭遇险境，濒临破产，其堪称世界一流的接班人计划，在每一次面临重大挑战的要紧关头，都发挥了关键作用。相信很多企业如果能够参照通用电器的这个接班人计划，也一定能够选出合格的接班人，带领企业实现一个又一个的发展目标。

但是，很多企业毕竟没有通用电器那样的条件和类似的背景，能够形成一套高效、完整的接班人计划实施系统。所以，在制订培养接班人计划这方面，企业的领导者必须结合自己的实际情况，实事求是地进行。一般情况下，只要做到如下三点，就可以游刃有余了。

第一，明确关键岗位和能力需求。

首先要明确公司的关键职位。从公司业务状况、企业战略以及相应的组织和人力资源策略出发，明确企业在未来的发展中需要接班人具有什么能力要求，需要多少接班人，以及各个层级的接班人如何互补。

在这里，通过岗位评估来确定关键岗位识别核心人才，是制定和实施核心人才继任计划的首要环节。确定关键岗位时，需要结合企业战略和行业发展特点，评估组织流程设计的合理性和必要性，确定岗位的重要性和人才供给的特征，制定候选人的筛选标准。

培养关键人才，不只是顶尖人才，还包括其他不可或缺的职位。关键岗位通常有如下几个参考标准：其一，组织的关键业务，对组织的未来发展起着至关重要的作用；其二，关注未来3到5年的战略方向和人力资源规划，预计新的部门和职位；其三，具备特殊技能，培养周期长，在组织发展中替代性差，且需求量比较大；其四，较为适合从内部培养和选拔，而非外部招聘。确定好关键岗位的能力模型和标准后，根据现任者的差距，可以在关键职位的继任计划中选拔有潜质的人才作为关键职位的继任候选人。下表可以帮助大家快速、准确识别岗位与领导人才的适配度。如表8–1所示：

表8–1　人员与岗位适配表

人岗适配表				
上司	A:	B:	日期	
评估人	A:	B:	责权人	
业务目标			达成情况	
个人目标			达成情况	
改进计划	A优先		B重点	
1	战略供应链		产品质量	
2	新客户开发		客户服务	
3	运用成本控制		精益管理	
领导力提升	1. 2. 3.			

第二，盘点人才状况。

建立接班人培养机制，就要根据接班人的素质标准盘点企业现有的人才状况，制定接班人储备库。

在评价人才素质的时候，储备人才的价值观判断很重要。通用电气的每位员工都有一张“通用电气价值观”卡，卡中对领导干部的警戒有 9 条：痛恨官僚主义、开明、讲究速度、自信、高瞻远瞩、精力充沛、果敢地设定目标、视变化为机遇以及适应全球化。这些价值观是通用电气公司进行培养的主题，也是招聘员工和决定公司职员晋升的最重要的评价标准。有通用电气价值观又能为公司创造业绩的人才，就是重点培养对象；有通用电气价值观但不能立即为公司创造业绩的，公司会给他们一定时间和机会，进行培训。

为了提高人才盘点的效率和精细度，专业人士一般采用九宫格这个工具来进行，但是，有些公司认为它运用起来比较烦琐，识别度不高而放弃使用。但是，笔者还是希望大家在初期使用，等大家熟悉此工具后，可以开发适合自己的鉴别工具。如图 8–4 所示：

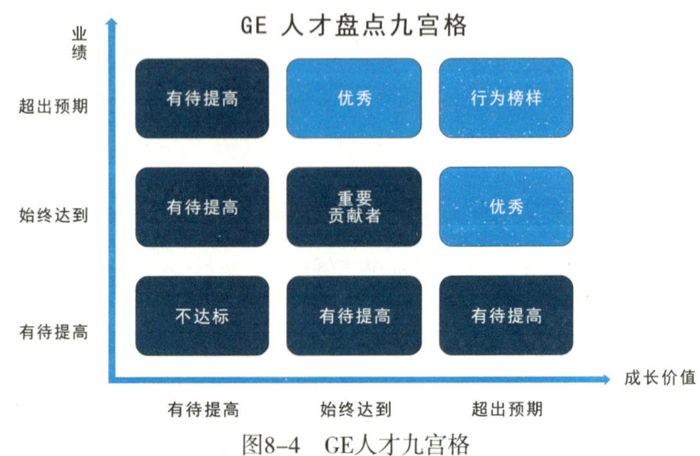

图8–4　GE人才九宫格

通用电气公司选择接班人的制度和程序，更是一套严密的系统。GE会提前几年拟出一个候选人名单，这个名单是保密的，甚至连候选人自身往往都不知道自己被纳入了候选名单。这以后，公司会密切注意候选人的一切动向，所有董事都会对候选人进行考察和打分。正是通过这种方式，韦尔奇最终选择了伊梅尔特作为自己的接班人，而这个选择过程早在1994年时就开始了。在通用电气2001年股东大会上，杰克·韦尔奇在退休前向股东们做最后一次汇报，他充满激情地说："通用电气在全球搜寻、培养最优秀的人才，就我而言，十年以来我一直在寻找的一个最佳候选人就是谁将接任我成为公司下一任董事长。我日益坚信这二十年来我找到的最佳候选人，就是在你们各位董事的积极赞同之下推举的杰夫·伊梅尔特，担任你们下一任董事长兼首席执行官。我相信杰夫和他的优秀班子，将把通用电气带到一个我们在今天还只能梦想的发展高度和优秀水平。"

第三，实施接班人培养计划——因人制宜。

在确定接班人的候选人名单和能力差距之后，企业就要开始培养接班人，培养计划要做到因人制宜，充分发挥每个人的特长。

企业可以为每一位接班人建立相应的个人档案，跟进业绩能力发展情况，同时，安排一位导师，与接班人进行思想交流，开拓思维，促进无障碍沟通，辅助接班人成长。

导师要"因人制宜"地制定发展计划，帮助他们进一步提升、缩短与继任职位要求的差距。常用的培训方法包括：在职训练、跟随训练、跨职能轮岗 / 转职、项目训练、公司组织的课堂培训、代理某高级职位、导师指导、360度反馈、参加MBA课程 / 外部培训机构举办的管理课程。

在实施接班人培养计划时，企业要控制的关键点包括三个方面：一是管理者要以人才发展为己任，二是关注候选人个人的发展动机，三是以制度和流程保障候选人的发展。

接班人培养机制是一项长期而艰巨的任务，企业必须构建一个机制来保证对候选人有着客观真实的评价，并能够源源不断地产生新的候选人，推动候选人能够持续地成长。这一机制不是为了形成综合交错的接班人图示，而是形成一个与公司业务规划完全一致的人才选拔和培养流程。

接班人培养机制的建立，涉及HR部门、公司管理层、用人部门管理人员与被培养人员的密切合作，是人才管理的持续过程。有效的接班人培养机制，关键不仅是确认哪些人适合哪些职位，而且需要不断地识别和准备新的关键人才，让他们在未来的职位上获得成功，为企业实现组织目标和战略意图提供人才保障。

接班人培养不是一项单一的工作，也不是单一的一个人才培养项目，而是一套完整的领导人才生成和管理系统。如图8–5所示：

图8–5　领导人才生成和管理系统

总之，在企业内部培养接班人是一个十分漫长的过程，可谓“十年一剑”，在这个过程中，在资源上，要持续不断地投入；在发展项目设计上可以借助外部机构的力量，吸纳他们的精华，借势发展是极为有效、可行的解决方案之一。避免盲目投入和模仿而不得真谛。

第九章　迭代接班人管理体系

很多企业在接班人的更替过程中，往往会有“一朝天子一朝臣”的现象。原因就在于很多企业没有相关的制度体系贯穿前后，所以导致前后两任领导者在管理问题上经常会产生前后矛盾，甚至“另起炉灶”的现象。为了避免这些情境的发生，企业必须建立相关的管理机制，将公司治理结构与管理系统规范化，坚持做到“依制不依人”，这样才能保证企业在领导人交替的过程中，企业不会出现动荡。

其实，企业权杖的交接，涉及的不仅仅是前后两任领导者的问题，还牵涉到整个团队的各种关系。所以，在接班人的问题上，企业除了要建立健全接班人的生成与培养机制，还要完善接班人的管理机制，形成一套高效、有序运作的系统。

那些顺利交接的企业，在管理接班人计划的做法上有两大共同点：一是，设置专门管理机构和充足的预算。绝大多数优秀的公司都非常重视对接班人的甄别和培养，它们一般会在董事会内设置专门的机构或者由人力资源部来实施这项伟大的系统，比如“高管人员聘用委员会”，专门负责对高管的选聘和培养。机构内的人员由董事会成员组成，一般为 3 到 4 人。此外，在企业内，还会编制固定的预算。二是，聘请专业咨询公司参与接班人培养与管理，一来利于对候选人进行科学的选拔与精准的培养；二来有利于减少选人的晕轮效应，避免任人唯亲。

第一节　如何高效运营HR部门

很多企业的接班人计划，在实施过程中由于出现各种问题而流产，这部分企业的数量，在实施接班人计划的企业中大概占70%。之所以这样，是因为这些企业接班人管理系统存在缺失。

企业应该如何管理接班人计划，才能确保计划的顺利实施呢？一般情况下，只要做到如下几点，就能够使接班人计划有条不紊地进行到底。

一、重新定义HR部门和CHRO角色

无论是专家学者还是企业的掌舵人，都越来越关注人力资源部门的定位与核心职责。人力资源领域的发展如日中天，但是HR从业者整体素质还不够高、综合职业优势不是那么明显、对企业业务的把握还不充分，在员工心目中的口碑也还有待进一步提高，在读懂企业决策者和企业最高领导者的战略意图上，还真的需要下一番苦功夫。否则对于一个价值不大的部门，还真面临着被整体外包的可能。我们先来探讨一下CHRO这个在企业中，肩负接班人计划实施的核心要员，究竟需要具备什么样的能力？结合本人自身职业发展的经历以及为客户提供咨询服务的经验，我认为一流的CHRO应该具备以下三个核心竞争力：一是敏锐的商业洞察能力；二是

强大的社会网络；三是独特的职业优势，如图 9–1 所示：

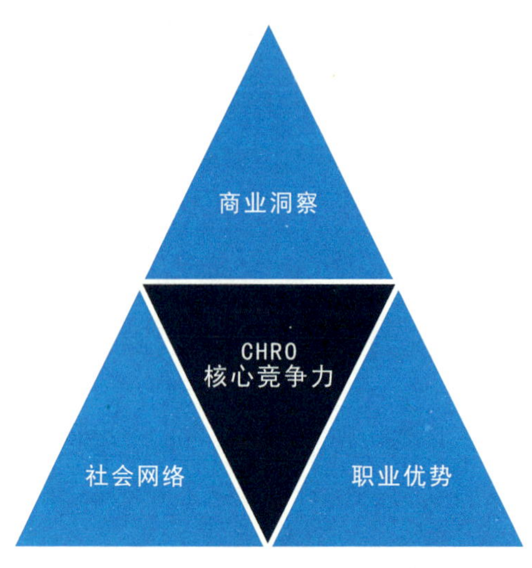

图9–1　CHRO核心竞争力

只有一流的 CHRO，才能带领企业 HR 团队设计、建设和运用高绩效人力资源管理系统并取得应有的部门绩效。人力资源领域的发展从原始的人事管理、人力资源管理到今天的人力资本管理，对人力资源从业者的要求越来越高。下面我攫取一段我和深圳农产品集团管理学院原院长谢华先生、现任某上市公司地产业务总经理的一段对话以飨读者，我认为这是值得每一位 CHRO 去思考的。

我：您认为在这个 VUCA 时代，HR 部门应该如何重新定位？

谢：HR 部门应该打破常规边界去深入思考，最少下面四个维度需要全面发力，一是前瞻研究。我们的 HR 善于模仿，但是缺乏开展前瞻研究的能力，也就不能为企业业务发展制定出可行的解决方案；二是组织发展，HR 应该跳出专业的深井，从全局的视角去思考，而不是单纯在专业上高谈阔论；三是人才发展，既然是人力资源部，那就是要以人才发展为基础去开展工作；四是知识管理，任何一家企业的发展，都有其成功之处，这就需要HR部门对企业发展过程中的成功之处加以挖掘并发扬光大，对企业发展过程中所获得的经验教训也应该归纳整理，以供参考，避免再犯同样的错误。第一点和第四点是众多HR容易忽视的地方，需要引起HR们的注意。

这段交流深刻阐述了HR部门应该如何定位，大家肯定会问，怎么做呢?

我认为企业人力资源部门的定位应该是为企业的业务战略服务，而不是为企业的日常事务服务。打破传统人力资源部门的服务边界，提升人力资源部门的价值势在必行。脱离事务管理，提升人力资源部门的运行效率，就必须抛弃传统、低效的人力资源职能模块化体系，应该建立能够凸显业务发展战略、驱动组织发展的高绩效人力资源管理系统：HR三支柱管理系统就是一个恰当的选择。HR三支柱模型如图9–2所示：

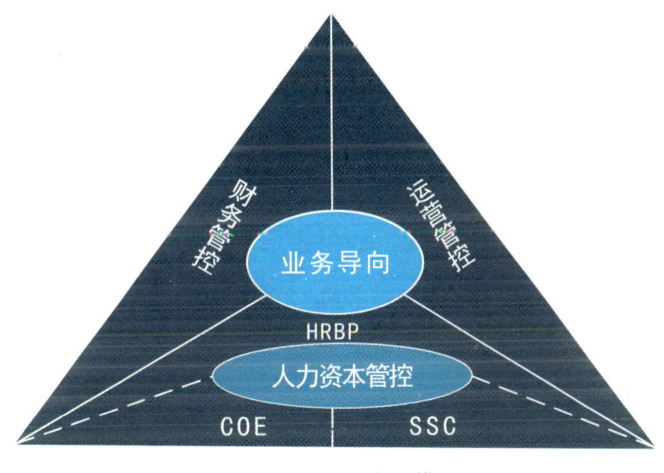

图9–2　HR三支柱模型

HRBP 支柱紧贴业务需求，架设起和业务协同作战的桥梁，成为需求与输出解决方案的纽带；SSC 以提高企业人才运营效率为根本，增强员工被服务的体验，让他们全神贯注去工作，达成组织绩效目标；COE 汇集了企业的顶级资源开展前瞻研究，以制定出可行、可靠的解决方案为宗旨，为驱动企业的业务发展提供智力支持。当然，制定接班人计划和实施的方案，肯定也包含在其中，这是人力资源部门的一个重大职责所在。虽然这项工作很难，CHRO 也要敢于担当。

以下这套方案是结合了本人近 15 年的人才发展管理实践和近百个经典客户案例而成。希望对 CHRO 们提供切实的帮助和借鉴。方案如图 9-3 所示：

图9-3　继任计划实施图

在遵循这套方案选定 CEO 继任者的过程中，还需要有一套风险应对方案，这样才能做到游刃有余而不会在关键节点乱了方寸。

二、结合企业经营战略

企业在制定接班人计划的时候，对于接班人的要求，应与企业的整体经营战略紧密结合。一般情况下，对于接班人计划的管理，主要有以下三项工作：

1. 建立高管人才数据库。企业要先弄清楚自己的经营策略，并对长期和短期的目标有一个清晰的认识，然后根据企业的经营战略和目标，对现有的高管人员进行评估，以确定他们是否具备接班人的素质和能力，这些素质和能力包括性格、气质、决策、判断、领导能力，等等。

2. 对员工进行技能评估。通过对员工技能进行评估，并从中找出哪些人具有成为领导者的潜力。锁定这些未来可能会成为优秀领导者的员工后，就要投入更多的精力进行培养。由于所有的接班人计划，都假设高层管理出现变动或调整造成的职位空缺而由企业内部的人来填补，因此在对被选定的员工进行培训时，应该按培养接班人的标准进行。除了参加定期的培训之后，还要派遣他们去迎接一个又一个的挑战，同时通过一系列正式的岗位轮换，让他们熟悉公司的运作流程。同时，公司的高层管理人员也应该为他们提供额外的指导，帮助他们弥补技能和经验上的不足。可以说，要想使被选定的员工成为名副其实的领导者，需要整个管理团队的积极配合，并给予精准的指导。

3. 建立一套公平的考核系统。在实施接班人计划时，最重要的就是有一个相对的标准，然后按照这个标准来考核所选定的接班人，是否具备相应的品质和能力。并在此基础上，对培养对象进行及时调整，不合适的人选要坚决淘汰，然后再不断补充新人。最后根据考核和评估结果，选出重点对象，进行重点培养。对于这些重点培养的对象，要给他们提供更多锻炼的机会，同时让他们明白，他们的成长将与企业未来的发展息息相关。

下图是帮我们一家客户定制化设计的继任管理系统，深受客户的好评。现摘录其中一部分，以飨读者，如图 9-4 所示：

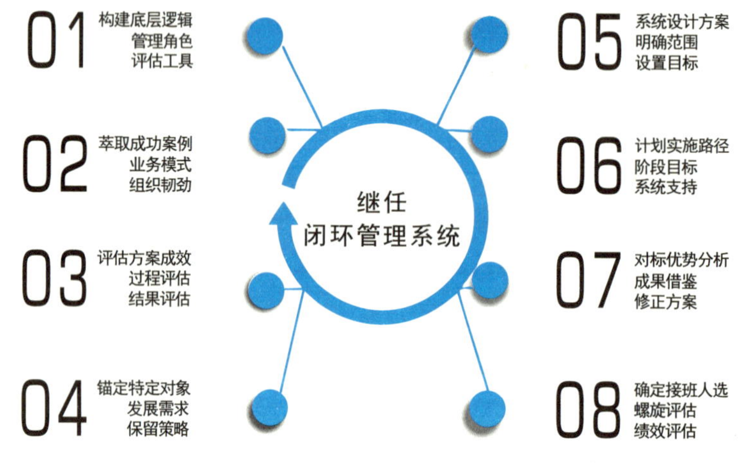

图9-4 继任闭环管理系统

每一套接班人管理系统都有其生命力，不同的企业应该依照各自的战略发展目标进行科学设计、持续优化并形成企业自身的方法论，这样才能凸显其价值和生命力。

三、并轨员工职业发展

现实中，也不是每一个职业人都想成为企业的接班人。所以，一套好的管理系统，还应考虑不确定因素。毕竟我们如今生活和奋斗在 VUCA 时代，一切都不是那么的肯定和明确。下面这张表将全面帮助大家了解组织在接班人培养与配置过程中的风险，“否”的数量越多，说明风险越大，更需要引起各位领导者的警觉。如表 9–1 所示。

表9–1 接班人计划风险评估表

序号	描述	是	否
1	公司有清晰明确的战略计划		
2	公司的战略计划包含领导力开发与人力资本开发		
3	公司有应对紧急情况的继任计划实施手册		
4	公司有以1%的营业额为基数的预算用于人才与高管发展		
5	公司高管团队在其岗位上不足7年		
6	公司领导团队承诺将继续服务4年或以上		
7	公司领导团队互相支持并经常代理他人的职责		
8	我们的高管（执行董事）在职服务不足5年		
9	董事会明确限定行为准则		
10	大多数董事会成员服务不足6年		
11	董事会有专门的机构和责任人负责高管选拔与发展		
12	董事会充分体现着公司愿景、使命个价值观		

传统上，接班人一般由现任领导者推荐并提交董事会或者领导团队决定，而这种决定是临时的，具有突发性的。其实，很少有领导者会直接地告诉那些有望成为接班人的管理者："你是接班人的潜力股。"而这种滞后性的告知，将会带来诸多后果：一是接班人没有足够的心理准备，不知道培训的最终目的所在；二是有些人无意于成为接班人，他们更希望从事专一的工作，在某个领域中深耕细作，以求突破。

在接班人培养中，还会出现这样的情况，一些领导者认为接班人计划与他们无关，只认为培养接班人是人力资源部门的事；还有些人不愿意多操这份心，只希望自己退休之后公司找其他人做这件事，因此不愿意配合接班人计划；甚至还有一部分人担心，如果接班人优于他们，会影响到他们自身的地位，因而不愿意全力以赴地培养。

其实，这些顾虑完全是没有必要的，那么应当如何激发领导者培养接班人的意愿，打消他们的顾虑，又如何鼓励员工积极为成为接班人而做好准备呢？

最好的办法就是在企业中建立畅通的职业通道与职业导师计划，将接班人计划与员工的职业发展规划整合起来。这里的职业发展包括三方面：一是在管理序列中的晋升；二是专业序列上的提升；三是向其他职系跨越。在组织内建立明确的职业发展路径，员工想要获得发展，必须要从上级那里获得帮助，这种自下而上的压力将接班人计划与组织战略目标很好地联系到一起。领导者作为职业发展导师，应当充分发挥自己在其中的专家指导作用。在一些发展成熟的公司，就建立了职业发展导师制度并实施，员工会针对其职业发展问题与其上级或者公司的职业发展导师每年至少进行两次深入会谈。很多负责接班人项目的领导常常会咨询内部职业导师的意见，以便全面了解未来的接班人选。戴尔还建立起了外部导师计划，每年公司都会有专门编制的预算投入，接受第三方提供的长期跟踪辅导服务，为戴尔的高管团队提供职业发展与领导能力建设服务。其实，这是为戴尔的高管梯队和潜在接班人保驾护航。接班人计划与职业发展联结，等于是在企业中建立了一个实时运作的人才供给系统，通过不断追踪高潜人才的职业发展，定期评估，并安排相应的工作任务对其进行磨炼，可以快速提升其各方面的能力。当这些高潜人才的能力达到一定程度之后，便可进入接班人备选系列。在这种方式下，即可增强领导者培育下属的责任心，又可增强员工对于自身发展的清晰度，最终形成一个良性的人才供给循环系统。

其实在职场上，坦率说来，每一个人都想成为金字塔顶部的一员。一方面，人人求之而不得；一方面能得但无欲。在个体职业发展与企业战略发展的双轨上，需要达成战略共识的。

四、实施“金字塔”计划

一个企业要想做大做强，除了要选拔和培养高层管理岗位的接班人，还需要一大批中层管理人员和基层管理人员。所以，企业的管理结构，应该是金字塔的形状，从塔底到塔尖，每一层级都有胜任的管理者，这个管理结构才能坚固、稳定。如果每个高级管理人员，都是胸怀使命、从塔底一步步攀登上塔尖的，这样的接班人会更可靠、更具竞争优势。在这方面做得比较出色、值得大家去学习的，当属 IBM 的“长板凳计划”。IBM 把接班人计划纳入其完善的人才发展与学习体系中，从员工进入公司的那天起，就开始考察其作为接班人的潜质。IBM 的接班人计划包括主管级以上的所有重要职位，选的是一个接班群，而不是针对少数特定的岗位。比如，每年 IBM 大中华区人力资源部要和 CEO 讨论的接班人数量在 40 多位。正因为有足够多的接班人后备领导人才，IBM 才能确保公司管理层、领导层不断裂，领导人才是基业长青的基石。IBM 在领导人才、管理梯队的发展策略是值得我国民营企业参考和借鉴的。

总之，企业接班人计划的成功，不但要重视高层管理人才的培养和选拔，更要建立并形成有效的接班人制度，建立起覆盖基层、中层，到高层的接班人培养系统。只有把接班人计划视为一项长期项目，才能不断地打造出优秀的企业运营管理者、企业变革的领导者，确保基业长青。

第二节　如何用好外部专业咨询机构

建立企业接班人制度，打造接班人领导能力提升系统，是一项伟大而艰巨的工程，不仅需要在内部凝结力量，实施专人专项机制，还需要向企业外部借力，借助外部专业机构的力量，科学规划、定制化设计，避免增加机会成本。常言道，让专业的机构做专业的事。借助外部专业咨询机构的力量是系统化提升管理水平、开拓企业领导者视野、增强企业发展韧劲的好帮手。专业咨询机构能够提供前沿的新技术、新理论、新方案。其输出的成果博采众长，是企业进行科学管理的好参谋。

如何让咨询服务价值最大化，是企业与专业咨询机构合作时必须首先思考问题。依照我本人曾经在企业（俗称甲方）工作 14 年的经验和创立出众咨询（俗称乙方）8 年来服务客户的经历，整理了以下四点心得体会以飨读者。

一、尊重在前，信任为上

咨询机构的专业顾问一般都是具有扎实的实践经验，职业背景具有一定的优势，否则也很难得到客户的认可。近 8 年来，给我留下深刻印象的客户有戴尔和国家电网。无论是在交流过程中思想火花的碰撞，还是逐字逐句审阅项目成果，都体现出他们本身的实力与专业性。记得有一次在准备向某市公司李总汇报的时候，一急就忘记将汇报材料打印出来，此时刚好是饭点时间，李总亲自安排一楼大厅的服务中心协助打印后，带着我进食堂就餐。我故意排在后面，眼看李总就餐后，我赶紧放下手中的餐盘，去服务中心跟进汇报材料的打印。还没有 3 分钟，李总又来到服务中心，要我先吃饭再整理汇报材料。我深深感受到了客户的尊重。最终，我们项目组也是全力以赴，与客户一起同心协力，圆满交付项目成果。后来我们回访，了解到省公司总经理对本项目还表扬了两次。

二、谋求共识，同克难坚

企业需要解决的问题很多，但不可能所有问题都指望一次性解决，也不可能同时铺开几个项目，阵地铺的太宽，对甲乙双方都是一个挑战。首先，借助咨询机构这个专业、系统的外脑，先从顶端一起重新梳理企业的战略规划，厘定差距，就未来应致力于解决的核心问题达成共识。

在项目实施过程中，充分考虑项目的特性与项目间的集成逻辑关系与的实施条件，进行规划、优先级排序并做到动态平衡，最终确立项目实施路径图。在面临困难和障碍时，彼此支持。那是 2016 年，我们做平安集团开发高管领导力学习项目，就遇到了巨大的挑战，在项目实施过程中，我们发现我们的项目实施策略不能够发挥作用，失效了。反反复复，修改方案几十次而找不到突破的临界点。在一次电话沟通过程中，我在电话中对当时负责本项目甲方的张喆老师说，我们放弃吧，全额退款！至今，我还清晰记得那幕场景，早春的北京，天空是灰色的，还有点冷，在中国人民大学明德楼前来回走动的我几乎处于崩溃的边缘。张喆老师回应道，“我们作为甲方都没有说放弃，你们想放弃？”后来在一个偶然的瞬间，脑洞大开，我突然想到一个解决方案。几经完善后，就是运用这套方法论打通了这个项目。所以说，在保证项目推进路径图的合理性和方法论可行性的前提下，双方有必要建立项目路径图的动态更新机制，根据实际情况定期进行调整和优化，以期达成项目设定的目标并取得预期的成果。

三、精诚合作，互相成就

一个成功的咨询项目都是甲乙双方共同协作的结果。而不是任何一方独立完成的。好的咨询公司要尽可能根据企业的特点和现有资源设计咨询方案，而好的企业领导者也要善于借助外部咨询顾问的作用力，而不是把咨询服务完全看作是咨询公司自己的事情，不参与其中，甚至作为对立方来挑刺。从长期合作的角度看，真正成熟的企业应该把咨询师当作自己的合作伙伴，胸怀谦卑的心态与咨询顾问共同学习和成长，只有这样的企业才能真正放大咨询服务给企业带来的价值。

四、不断优化、持续推进

企业是不断发展和变化的，在发展与变化的过程中，对管理难题的解决方案也需要不断打磨和优化，持续改进。显然，有必要与咨询机构建立长期的战略协作关系，为企业的发展提供智力支持。

对于家族企业而言，企业的接班与传承，也可以借助外部专家的力量，正如家族企业有时需要引进职业经理人一样。引入企业传承顾问，可以帮助企业尽早进入传承进程，促进接班的顺利进行。

德鲁克在其著作《巨变时代的管理学》一书中提到，当家族企业因为管理传承而陷入麻烦甚至分崩离析之时，可以将家族企业的传承决策权交给外人。这是家族企业成功管理的原则之一。这里的“外人”指的就是传承顾问，他们脱离于家族企业而存在。

企业选择的传承顾问要满足四个条件：一是传承顾问要足够了解企业，包括企业的现状和未来的发展方向，这样在做决策时才能更合理；二是传承顾问在社会上有一定的威望，属于某个行业的专业人士，在专业领域具有较高的声誉和权威，能够得到家族重要成员的尊重和信任；三是传承顾问要有非凡的沟通协调能力，要有耐心去倾听、沟通，调节企业家与接班人之间的关系；四是传承顾问要具备敏锐的领导人才识别能力。

总之，布局接班人计划，不仅要懂得如何接力，而要深谙借力之道，尤其是利用企业外部的资源和力量，往往能够达到事半功倍的效果。

后记

缘起：

时钟拨回到2017年的冬天，我们人力资源管理专业8名博士生结束了彭剑锋老师的“战略人力资源管理”课程。彭老师要求我们每人写一本书作为结课作业。本书就是缘起于那次的结课作业。

发展：

2019年春季开学后的一天，相约商学院刘军教授、国家电网管理学院吴向京副校长在人民大学校园内务虚畅聊，最终确定了本书的主题。

一本书的创作过程是痛苦的、艰辛的。对于我来说更是难上加难，数易书稿。其因有三，一是要总结自己15年的人力资源管理实践经验；二是要归纳自己8年的事业发展心路历程；三是要提炼自己博士求学生涯的另一个毕业设计，以求在实践与理论上能够迈进一小步。由此将职业、事业和学业，此三业融汇一身实属不易、举步维艰。在职业发展上，所有的场景历历在目，终生难忘；在事业开创上，痛苦与喜悦交织，成功与失败交织，嘲笑与赞叹交织，肩负苦难与责任前行。企业家的笑是用泪水冲刷过的，这就是事业人内心深处的真实写照；在学业的修炼上，我步履蹒跚，去除了燥气，真正懂得了什么叫作“不知道自己不知道和知道自己不知道”的真谛。

结语：

事业的发展还需要我们砥砺前行，民族的复兴需要我们担当有为。愿我们中华儿女胸怀使命，肩担责任，携手前行。

最后，感谢国家电网管理学院吴向京先生；中国人民大学刘军老师、彭剑锋老师、周文霞老师；感谢中国人民大学丁贺博士、苏伟琳博士、冯晋博士、袁帅博士、魏仕龙博士、何俣铤博士。感谢你们的悉心指导、中肯的建议、意见以及建设性反馈。

回首本书成册的点点滴滴，百感交集。实因笔者才疏学浅，万望各位读者批评指正为盼，以期再版时修订和完善。

作者联系邮箱：479092246@qq.com。

参考书目

[1][美] 彼得 · 德鲁克. 创新与企业家精神 [M]. 朱雁斌译 . 北京：机械工业出版社，2007.

[2][美] 汤姆 · 拉思. 盖洛普优势识别器 2.0[M]. 常霄译 . 北京：中国青年出版社，2012.

[3][美] 诺埃尔 M. 蒂奇. 高管继任 [M]. 张攀，徐汉群，赵实译 . 北京：机械工业出版社，2016.

[4][日] 稻盛和夫著 . 活法 [M]. 曹岫云译 . 上海：东方出版社，2005.

[5][美] 迈克尔 · 波特. 竞争优势 [M]. 陈丽芳译 . 北京：华夏出版社，2005.

[6][美] 彼得 · 德鲁克. 巨变时代的管理 [M]. 朱雁斌译 . 北京：机械工业出版社，2006.

[7][日] 秋山利辉. 匠人精神 [M]. 陈晓丽译 . 北京：中信出版社，2015.

[8][美] 拉姆 · 查兰，斯蒂芬 · 德罗特，詹姆斯 · 诺埃尔. 领导梯队 [M]. 徐中，林嵩，雷静译 . 北京：机械工业出版社，2011.

[9][日] 伊贺泰代. 麦肯锡用人标准 [M]. 朱悦玮译 . 北京：北京时代

华文书局有限公司，2015.

[10][美] 丹尼尔・科伊尔. 极度成功 [M]. 张子源，刘欣译 . 杭州：浙江教育出版社，2020.

[11][美] 威廉・白翰姆，奥德丽・史密斯，马修・皮尔斯 . 培养接班人 [M]. 费书东译 . 北京：中国人民大学出版社，2006.

[12][美] 汤姆・拉思，巴里・康奇 . 现在，发现你的领导力优势 [M]. 薛妍译 . 北京：中国青年出版社，2009.

[13] 王俊杰. 总裁力 [M]. 北京：机械工业出版社，2012.

[14][美] 钱门 . 卓有成效的领导者 [M]. 郑春蕾译 . 北京：京华出版社，2005.

[15] 曹德旺 . 心若菩提 [M]. 北京：人民出版社，2020.

[16] 李全伟 . 中国企业全球化之路 . 哈佛商业评论 [J].2016–07.

[17] 诺埃尔 M. 蒂奇 . 高管继任 [M]. 机械工业出版社 , 2016.

[18] 威廉・白翰姆美 , 奥德丽・史密斯 , 马修・皮尔斯 , 等 . 培养接班人 [J]. 商学院 , 2006(9):I0001–I0033.

[19] 孙学敏 . 康百万庄园兴盛四百年的奥秘 [M]. 河南人民出版社 , 2007.

[20] 茅理翔 . 百年传承 [M]. 浙江人民出版社 , 2013.

[21]Marc Chapman. 未来企业之路 : 洞察全球顶尖企业愿景与制胜策略 [J]. 中国电力教育 , 2010.

[22] 丁贺，优势型领导：领导力开发新路径 [M]. 中国劳动社会保障出版社 ,2021.